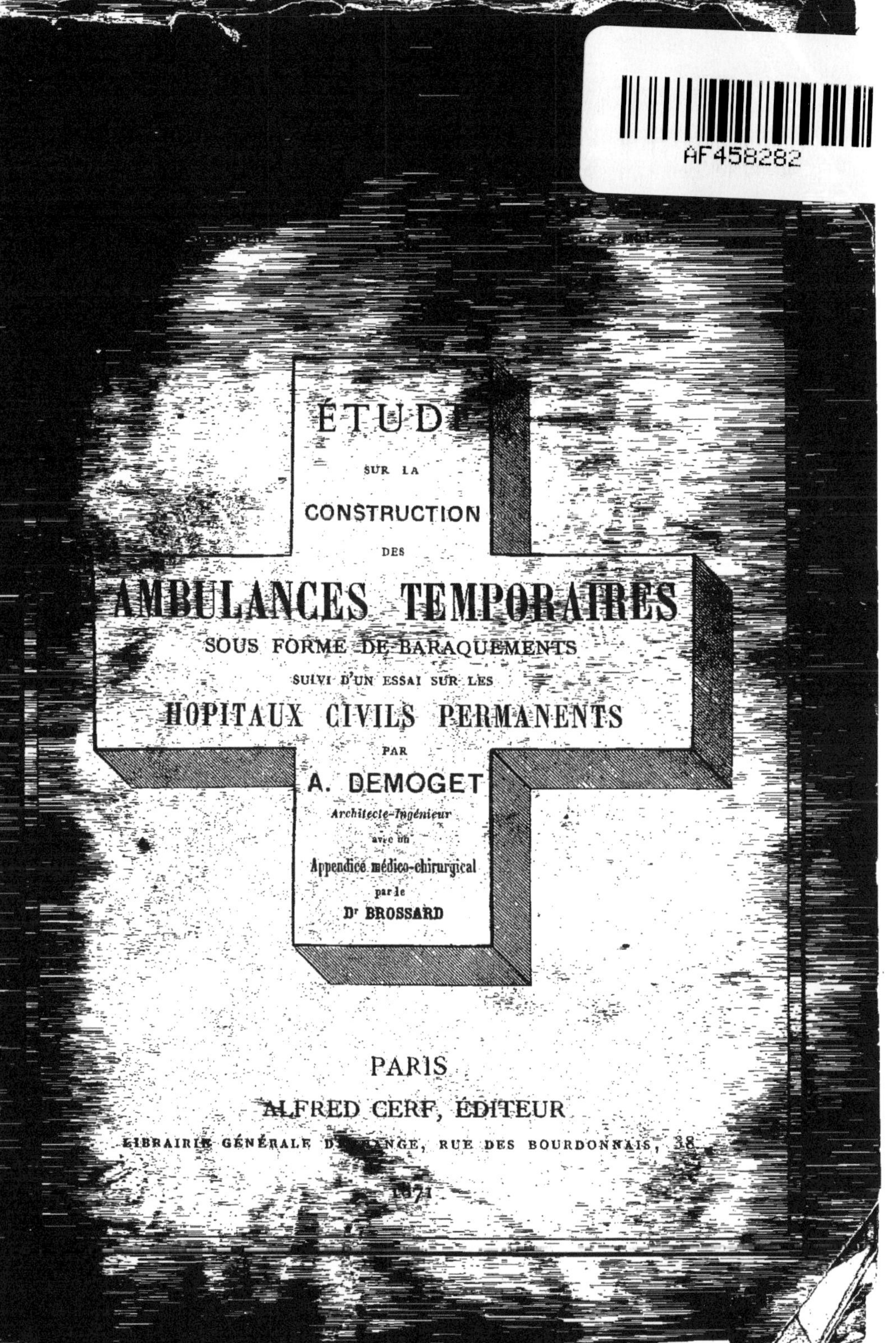
ÉTUDE
SUR LA
CONSTRUCTION
DES
AMBULANCES TEMPORAIRES
SOUS FORME DE BARAQUEMENTS
SUIVI D'UN ESSAI SUR LES
HOPITAUX CIVILS PERMANENTS
PAR
A. DEMOGET
Architecte-Ingénieur
avec un
Appendice médico-chirurgical
par le
Dr BROSSARD
PARIS
ALFRED CERF, ÉDITEUR
LIBRAIRIE GÉNÉRALE D'[illegible]ANGE, RUE DES BOURDONNAIS, 38
1871

ÉTUDE

SUR LA CONSTRUCTION

DES

AMBULANCES TEMPORAIRES

Paris. — Imprimé chez Jules Bonaventure,
55, quai des Grands-Augustins.

ÉTUDE SUR LA CONSTRUCTION

DES

AMBULANCES TEMPORAIRES

SUIVIE D'UN

ESSAI SUR L'APPLICATION DES BARAQUEMENTS

A LA CONSTRUCTION

DES

HOPITAUX CIVILS PERMANENTS

PAR

A. DEMOGET

Ex-architecte-ingénieur de la ville de Metz, Membre titulaire de l'Académie Nationale de cette ville et de plusieurs autres Sociétés savantes ;

Avec un Appendice médico-chirurgical

Par M. L. BROSSARD

Docteur en médecine de la Faculté de Paris, Chevalier de la Légion d'honneur, Membre de plusieurs Sociétés savantes, etc.

> L'hospice civil est une forme de la charité sociale. L'ambulance et l'hôpital militaire acquittent la dette de l'État.
>
> (CHENU, *Statistique de la campagne d'Italie.*)

PARIS

ALF. CERF, ÉDITEUR

LIBRAIRIE GÉNÉRALE D'ÉCHANGE, RUE DES BOURDONNAIS, 38.

1871

A LA MÉMOIRE

DU

Dr Félix Maréchal

Maire de la ville de Metz,

OFFICIER DE LA LÉGION D'HONNEUR,
VICE-PRÉSIDENT DU CONSEIL GÉNÉRAL DE LA MOSELLE,
MEMBRE TITULAIRE DE L'ACADÉMIE NATIONALE
DE METZ,
VICE-PRÉSIDENT DU CONSEIL CENTRAL D'HYGIÈNE ET DE SALUBRITÉ
DE LA MOSELLE, ETC. ETC.

Pendant le cours de sa longue carrière administrative et médicale, M. Félix Maréchal s'est toujours occupé tout spécialement des questions d'hygiène publique, ainsi que le prouvent la plupart des grands travaux auxquels il a attaché son nom ; c'est pourquoi nous sommes heureux, nous, son humble collaborateur, de donner ici un témoignage de profonde vénération et de reconnaissance à notre Maire regretté, qui avait bien voulu s'intéresser à ce travail et nous fournissait, quelques jours avant sa mort, les documents qui nous étaient nécessaires.

INTRODUCTION

Par la campagne de 1870, la Prusse a montré qu'à l'avenir la guerre entre nations civilisées se ferait par toute la partie virile de chaque nation, et non, comme autrefois, entre des armées plus ou moins nombreuses, représentant les pays engagés dans la lutte.

On comprend que, dans ces conditions, les combattants ne se compteront plus par mille ni par centaines de mille, mais par millions ; que les guerres ne pourront par cela même être de bien longue durée, et que les événements se précipiteront.

Ces énormes masses d'hommes qui s'entrechoqueront, armés des puissants moyens de destruction dont disposent les armées de notre époque, groupés sur un espace du territoire relativement restreint, fourniront en peu de jours un nombre tellement considérable de blessés et de malades, que, malgré les évacuations que l'on pourra pratiquer au moyen des chemins de fer, on sera toujours obligé de construire à la hâte, et sur divers points assez rapprochés du théâtre de la lutte, de vastes ambulances temporaires sous forme de baraquements.

Aussi sommes-nous convaincu que ce système, qui a déjà été largement expérimenté, sera toujours employé dans les guerres de l'avenir, et que ces hôpitaux feront en quelque sorte partie du matériel de l'armée en campagne.

Cette étude n'a d'autre but que de fournir aux constructeurs des renseignements détaillés sur les dimensions, les dispositions relatives des divers locaux, sur l'aménagement intérieur des bâtiments qui devront être affectés aux différents services, et sur le mode de construction à employer pour faire en peu de jours, et relativement à peu de frais, des hôpitaux temporaires pouvant contenir jusqu'à deux ou trois mille lits.

Nous n'avons point la prétention de faire un traité complet sur cette matière, mais seulement de fournir à un moment donné des indications et des renseignements qui peuvent, du reste, varier dans la plus large mesure, suivant la localité, les matériaux et l'emplacement choisi.

Aucun ouvrage français ne renferme d'une manière précise ces renseignements. Lorsque nous fûmes chargé de la construction de l'ambulance temporaire du polygone Chambière à Metz, nous avons dû avoir recours au recueil des rapports du service médical américain, publiés après la guerre de sécession par les soins du gouvernement (1):

Reports on the extent and nature of the materials available for the preparation of a medical and surgical history of the Rebellion.

Philadelphia. — 1865.

Et, il faut bien l'avouer, à un ouvrage allemand à peu près semblable, et qui est en grande partie la traduction du premier :

Verbandplatz und feldlazareth. Vorlesungen für angehende militærarzte, von Dr F. Esmarch, professor der Chirurgie an der universitæt Kiel.

Berlin. — 1868.

(1) Le premier de ces ouvrages nous a été communiqué par M. le docteur Grellois, médecin en chef du service médical des ambulances à Metz. Le deuxième, par M. Ehrmann, médecin en chef de l'hôpital, mort depuis à l'armée de la Loire.

Nous devons à l'obligeance de M. Guillaume Fromm la traduction de ces deux ouvrages.

Nous avons extrait de ces deux ouvrages tous les enseignements qu'ils renfermaient, et nous les avons joints à nos observations personnelles pour en former le livre que nous soumettons aujourd'hui au public.

Nous ne voulons point donner l'hôpital temporaire construit à Metz comme un modèle parfait, mais seulement comme un sujet d'étude qui nous a permis d'apprendre par expérience à construire des ambulances. Aussi, nous appliquerons-nous à relever sincèrement toutes les imperfections que nous y avons reconnues : convaincu qu'en science appliquée une erreur de moins vaut mieux qu'une innovation de plus.

Si un jour notre livre peut être utilement consulté par nos collègues, en leur évitant la douleur d'aller chercher, comme nous, dans les ouvrages étrangers et même chez nos ennemis, les renseignements qui leur sont nécessaires pour les dispositions à donner aux bâtiments qui composent les ambulances temporaires, notre but sera atteint.

Metz, le 1er mai 1871.

I

Des Ambulances.

On nomme généralement *ambulance* un établissement hospitalier temporaire qui accompagne partout un corps de troupe ; il comprend le personnel et le matériel nécessaires pour donner immédiatement et sur-le-champ aux blessés ou malades les soins dont ils ont besoin.

On appelle aussi *ambulance* les hôpitaux temporaires créés près du théâtre de la guerre pour y recevoir les blessés et les malades. Ces hôpitaux sont de deux espèces :

Les uns sont établis dans des bâtiments déjà existants, tels que les églises, les couvents, les maisons d'éducation, les magasins, les marchés, etc, plus ou moins bien appropriés pour cet usage.

Les autres, créés dans des baraquements construits *ad hoc*, suivant certaines règles d'hygiène et de commodité, ont été beaucoup employés pendant les dernières guerres, et feront l'objet spécial du présent travail.

Nous ne discuterons pas ici la supériorité du baraquement destiné aux ambulances temporaires, au point de vue de l'hygiène et de la salubrité, sur les hôpitaux permanents ou sur ceux fondés temporairement au moyen de l'appropriation plus ou moins parfaite de bâtiments existants, mais construits pour un autre usage ; ceci étant complétement en dehors de nos attributions.

Du reste cette supériorité semble aujourd'hui généralement reconnue par les médecins et les chirurgiens, et les magnifiques résultats obtenus en Amérique lors de la guerre de sécession par l'expérience qui a été faite sur une grande échelle dans les hôpitaux créés sous forme de baraquements, ne laissent aucun doute à cet égard, puisque la mortalité n'a été que de 8 °/₀ sur le nombre de malades qui y ont été soignés (1).

En général le principe sur lequel reposent les divers systèmes adoptés dans ces sortes de constructions consiste à séparer les malades, au nombre de trente à soixante au plus, dans des baraques complétement isolées les unes des autres, assez espacées pour que

(1) En janvier 1865, le nombre des lits occupés dans ces hôpitaux était de 121,000, et il s'éleva au maximum, en septembre 1864, à 136,894.

l'air vicié de l'une ne soit pas chassé sur l'autre, largement aérées intérieurement et dont le plancher, au lieu de reposer directement sur le sol, soit surélevé de 50 à 60 centimètres; de manière à laisser circuler librement l'air en dessous, l'ensemble de ces dispositions ayant pour but de placer les blessés ou les malades en petit nombre dans des locaux baignés largement sur toutes les faces par des courants d'air pur.

Presque tous les médecins sont d'accord pour reconnaître l'utilité de la dissémination des blessés. Au commencement de la guerre contre la Prusse, quelques journaux, poussant ce principe jusqu'à ses dernières limites, conseillaient de mettre un ou deux blessés dans chaque maison, au sein des familles, et de suppléer par ce moyen aux ambulances temporaires. C'est là une erreur qui pourrait avoir les conséquences les plus funestes à cause de l'extension que prendraient certainement les maladies contagieuses, par suite de la cohabitation des blessés et des habitants du pays.

D'un autre côté, on comprend que le service médical serait très-difficile dans ces conditions, les médecins perdant ainsi un temps précieux en courses inutiles, que l'on peut leur éviter en créant des ambulances temporaires : soit dans des maisons exclusivement affectées à cet usage; soit, mieux encore, dans des baraquements construits spécialement hors de la localité. Car, en outre des avantages hygiéniques que nous reconnaissons à ces établissements, ils ont celui de pouvoir former des ambulances toujours en rapport avec les ressources dont dispose la localité qui en fait les frais, ou bien encore d'être augmentés selon les besoins du moment, puisqu'ils peuvent, suivant le cas, se composer de un à quarante pavillons séparés pouvant contenir trente à soixante blessés chacun. Si le nombre des pavillons n'est pas grand, les dépendances peuvent alors être établies à peu de frais dans une maison située à proximité.

Enfin, au point de vue des convenances du service, M. le docteur Hamilton dit, dans son ouvrage sur l'hygiène et la chirurgie militaires, page 127 :

« Des observations soigneuses m'ont persuadé que » tous les hôpitaux, et surtout les hôpitaux militaires, » ne doivent avoir qu'un seul étage, mais que l'on doit » les élever de trois ou quatre pieds au-dessus du sol. » Dans un hôpital ainsi construit on remarque rarement des cas de pourriture d'hôpital, de résorption » purulente et d'érysipèle. Les bâtiments à un seul » étage ont les avantages suivants :

» 1° Ils sont bien plus faciles à ventiler, avantage » qu'on ne peut estimer trop haut, la meilleure place » du malade étant dans une atmosphère pure ;

» 2° Le service et l'administration sont plus faciles ;

» 3° Les malades que leur état maladif n'empêche » pas de marcher peuvent se promener à l'air dans les » cours et les jardins ; tandis que lorsqu'il y a plusieurs étages, une certaine catégorie de malades sont » obligés, à cause des escaliers, de rester dans les salles » tout comme s'ils étaient cloués au lit.

» De toutes les inventions de ventilation, la meilleure » est celle d'une ouverture pratiquée à l'arête du faîtage de la couverture (lanterne), parce que le renouvellement de l'air se fait sur toute la longueur de la » salle. Si la construction est combinée de manière à » pouvoir fermer cette ouverture lorsque le besoin » s'en fait sentir, comme à l'hôpital Mill Spring, alors » on a satisfait à toutes les exigences, et le système est » parfait. »

Les docteurs Velpeau et Desgenettes prétendent que les malades courent moins de danger aux étages inférieurs qu'aux supérieurs.

Dans la préface de son ouvrage, déjà cité, M. le docteur Esmarch, professeur à l'université de Kiel (Duché de Holstein), dit que, pendant la guerre de 1866, il avait proposé la construction d'hôpitaux temporaires en baraquements semblables à ceux adoptés en Amérique, mais que la courte durée de la guerre a empêché l'exécution de ce projet, et qu'il regarde ces établissements comme de beaucoup supérieurs à tous les hôpitaux et autres ambulances temporaires.

Enfin, nous reproduisons en substance les 7e et 8e cours extraits du même ouvrage, et qui traitent des prescriptions d'hygiène pour les ambulances et de leur construction.

7e Cours. — « Lorsque le nombre de malades est très-grand, le seul moyen de leur donner des soins est de les réunir sur un espace assez restreint et de les placer ensemble dans de vastes locaux; mais les exhalaisons des malades et l'odeur infecte qui s'échappe de la sécrétion des blessures développent dans l'atmosphère des miasmes qui provoquent des maladies contagieuses spéciales bien connues sous le nom de maladies d'hôpital, et dont meurent beaucoup de malades qui pourraient être sauvés, s'ils étaient soignés dans d'autres conditions. La résorption purulente, la pourriture d'hôpital, l'érysipèle appartiennent à cette catégorie de maladies qui font ordinairement tant de victimes.

» On sait par expérience que chaque blessure grave entraîne la formation de matières propres à développer ces terribles maladies, que le malade isolé est bien moins exposé à ce danger, et que par le mélange de ces diverses émanations le danger s'accroît d'une manière effrayante.

» Après les grandes batailles comme celles de Leipsick, Solferino, Sadowa, il est presque impossible de faire face à tous les besoins, et on ne peut arriver à donner à temps des soins à tous les blessés qui encombrent les ambulances. Aussi, on voit quels maux il en résulte en lisant les rapports véridiques qu'en ont fait certaines plumes éloquentes.

» L'ouvrage célèbre de M. Henry Dunant ayant pour titre : « Souvenir de Solferino » a été la cause des conférences qui ont eu lieu afin de rechercher le remède à opposer à ces maux, et elles ont abouti à la signature de la convention de Genève.

» Avant de créer une ambulance, il faut se pénétrer du principe hygiénique suivant. Chaque blessé doit être placé dans un air pur et frais et disposer d'un volume d'air suffisant. Bon nombre de médecins ne sont point d'accord sur ce que l'on nomme air pur, et ceux qui fréquentent ordinairement les hôpitaux l'envisagent d'une toute autre manière que celui qui ne soigne que des malades isolés.

» Pour établir une ambulance, on doit surtout rechercher une position bien salubre, pour que l'air vicié ne vienne pas déjà du dehors; je connais des exemples où l'oubli de cette convenance a eu les plus funestes effets.

» L'établissement des lieux d'aisances est aussi d'une très-grande importance, et on doit autant que possible les rejeter assez loin et au dehors de l'hôpital, afin que les malades ne puissent subir leur influence; pour ceux des malades qui ne peuvent quitter le lit, il faut faire vider les vases dans des endroits parfaitement désinfectés.

» Plus les malades sont en grand nombre dans un local, plus ce local est difficile à ventiler et plus le danger d'infection est grand.

» Le règlement prussien demande 720 pieds cubes par malade, le règlement anglais en demande 2,000; assurément ce dernier vaut mieux, mais comme on ne doit compter que 15 pieds de hauteur, quelle que soit celle de l'édifice dans lequel l'ambulance est établie, on comprend que chaque malade auquel on voudra attribuer ce volume d'air devra jouir de 133 pieds carrés; autrement il faudrait entretenir la ventilation au moyen d'appareils spéciaux, ou bien encore ouvrir portes et fenêtres; mais ce dernier moyen ne remplit souvent qu'imparfaitement le but, surtout si l'édifice ne s'ouvre que d'un seul côté ou aux extrémités. »

8e Cours. — « Après une bataille on évacue ordinairement les blessés sur les localités les plus voisines, où l'on transforme les édifices publics en ambulances, tels que les casernes, les églises, les écoles, les mairies et les lieux de divertissements publics. Les hôpitaux sont naturellement employés; mais c'est surtout dans ces hôpitaux que les blessés sont le plus exposés aux maladies contagieuses; les murs, les plafonds, les planches de ces bâtiments qui servent depuis de nombreuses années à renfermer les malades de toutes espèces, sont imprégnés de miasmes nuisibles que l'on ne peut déloger et qui font bientôt sentir leur funeste influence. Il en est de même des casernes et des écoles dans la construction desquelles les règles de l'hygiène la plus élémentaire sont souvent négligées sous prétexte qu'elles devront être habitées par des hommes en bonne santé; à la longue, leurs murs s'imprègnent, eux aussi, de miasmes qui sont autant de foyers d'infection si on y dépose des blessés.

» Pour rendre à un moment donné ces locaux propres au service médical, il en coûterait beaucoup, et toute cette dépense ne servirait qu'à donner aux médecins une sécurité complète de laquelle ils seraient tirés plus tard par des accidents terribles et irréparables.

» Les voûtes fraîches et hautes des églises paraissent, au premier coup-d'œil, tout-à-fait propres au service des hôpitaux; mais comme en général elles sont très-hautes, que leurs fenêtres sont relativement petites et les croisées fixes, la ventilation y est nulle ou presque nulle, et il s'échappe de ces locaux un air de cave des plus funestes aux malades et blessés. — Les locaux les plus propres sont encore les grandes salles de divertissement, telles que salles de gymnase et de concerts, les marchés couverts.

» Mais, au point de vue de l'hygiène, le meilleur de ces locaux ne vaut rien, et on ne les emploie que parce que l'on ne peut faire autrement et qu'il faut bien cependant placer les blessés.

» Depuis longtemps déjà les médecins de tous les pays ont remarqué que les blessés guérissaient beaucoup plus facilement dans un endroit bien aéré et spacieux; aussi a-t-on essayé de les placer sous des tentes et mieux encore dans des baraques, et on a obtenu ainsi d'excellents résultats.

» Les tentes ont le grave inconvénient de ne pouvoir servir en hiver, même en été en cas de mauvais temps; elles ne garantissent pas suffisamment les malades contre le froid et l'humidité, et l'on est obligé de les tenir closes constamment, ce qui en détruit tous les avantages. Au bout de peu de temps, l'air qu'elles contiennent est tellement vicié que la maladie change immédiatement de marche et se termine fatalement. C'est ce qui fait que l'on se sert peu des tentes pour créer des ambulances temporaires. Mais on emploie de préférence les baraques en bois que les Américains ont portées à un si haut degré de perfection pendant la guerre de sécession.

» Aux États-Unis, il s'était formé, pendant la guerre, une société volontaire, sous le nom de « Sanitary Commission, » qui s'était chargée de tout le service médical de l'armée, et qui s'en est acquittée en employant des ressources et des moyens jusqu'alors inconnus.

» D'abord, on avait fait, comme toujours, usage des édifices publics pour y établir les ambulances; mais, bientôt, la commission reconnut les inconvénients de ces locaux et on eut recours à d'autres moyens.

» Le livre de Mme Florence Nithingale (*Notes on Hopitals,* by Florence Nithingale, *London*, 1863), écrit après la guerre de Crimée, a beaucoup contribué aux réformes hygiéniques apportées dans la manière de soigner les blessés en campagne. Le sens pratique des Américains s'est bien vite emparé de ces idées. C'est sous leur influence qu'ils ont construit ces magnifiques hôpitaux qui resteront des modèles que nous devons chercher à imiter.

» Pour construire ces hôpitaux, il faut avoir une somme suffisante à dépenser, un espace convenable et libre, dans le voisinage d'une ville assez grande, dans lequel on trouve l'eau en abondance et qui soit situé dans un endroit salubre. Sur cet emplacement on construit une machine à vapeur avec réservoir d'eau, une cuisine, un bâtiment d'administration, et on groupe autour de ce centre une série de baraques, bien ventilées naturellement, dont chacune représente une salle d'infirmerie assez grande pour contenir un certain nombre de lits, placés en double rangée, et munie, en outre, de waterclosets, de bains, de conduites d'eau, etc. Toutes ces baraques seront reliées entre elles au moyen d'un passage couvert. Les autres services, tels que salles d'opérations, chapelle, chambre de dissection, etc., pourront être groupés au dehors, suivant le goût de l'architecte.

» Ce genre d'hôpitaux, que l'on appelait hôpitaux généraux, contenait ordinairement 1,000 lits, et l'armée du Nord en avait, pendant la guerre, 195. On les désignait plus tard comme dépôts de quatrième ligne. Les hôpitaux qui étaient plus rapprochés du théâtre de la guerre et organisés dans des édifices publics s'appelaient hôpitaux de troisième ligne, parce que l'on ne les regardait pas comme de vrais hôpitaux de guerre. Tout le progrès consiste dans la suppression de ces derniers pour ne plus se servir que des hôpitaux de quatrième ligne.

» Dans ces nombreux hôpitaux, au dire de tout le monde, l'administration et le service médical étaient remarquablement faits; le système de pavillons séparés rendait le contrôle facile; un règlement, aussi simple qu'utile, rappelait à tout le monde son devoir. La discipline, qui était sévère, était maintenue par les médecins en chef, qui avaient un grade égal aux officiers de l'armée et commandaient tout le personnel de l'hôpital. Le système de pavillons séparés a, en outre, l'avantage de permettre à un seul chirurgien en chef de talent de guider un grand nombre de ses collègues, sans perte de temps, ce qui serait impossible si les blessés étaient disséminés dans tous les édifices d'une ville.

» Pendant la guerre de 1866, on a fait l'essai des baraques, qui a réussi partout d'une manière très-satisfaisante. » (Voir les Ambulances prussiennes.)

II

Historique des Ambulances temporaires sous forme de baraquements.

L'idée du système de baraquement, dont les premiers essais ont été faits dans ces derniers temps, en Algérie, et ensuite pendant la guerre de Crimée, n'a pas seulement été préconisée par les médecins de cette époque, mais aussi par les médecins du moyen-âge ; nous donnons, à l'appui de ce fait, des extraits d'un ouvrage publié en 1863 par MM. le docteur Félix Maréchal et le docteur Jules Didion, intitulé : *Recherches sur les maladies endémiques, épidémiques et contagieuses qui ont régné à Metz et dans le pays messin.*

Page 166, les auteurs reproduisent, d'après l'histoire générale de la ville de Metz, que faisaient les religieux bénédictins, les détails suivants sur la peste de 1681 :

« Dans ces temps malheureux de guerres presque
» continuelles, les fléaux de la peste et de la mortalité
» étaients fréquents : les états de Metz avaient eu soin

» jusque-là des pestiférés. Il y avait où se voit au-
» jourd'hui le parc ou champ de Mars pour l'artil-
» lerie, hors de la porte Chambière, quantité de petites
» loges de bois, dans lesquelles on conduisait les ha-
» bitants dès qu'on savait qu'ils étaient infectés ; ils y
» demeuraient jusqu'à leur mort ou leur guérison, et
» leurs maisons de la ville étaient cadenassées par les
» bannerets. L'hôpital Saint-Nicolas leur envoyait
» chaque jour de quoi vivre ; il y avait à cet effet un
» batelier à gages qui leur menait en bateau le pain,
» la viande et les autres choses nécessaires. Les trois
» ordres crurent, en 1580, que l'humanité exigeait
» quelque chose de plus en faveur de leurs conci-
» toyens qui viendraient à être frappés de la peste. Il
» fut convenu, d'une voix unanime, de construire à
» neuf *la cour aux Gélines,* non comme une ferme,
» telle qu'elle était auparavant, mais de manière à
» pouvoir contenir commodément ceux des bourgeois
» qui seraient attaqués de la contagion ; ce qui fut
» exécuté magnifiquement, aux dépens de la cité.
» Chaque malade y avait sa petite chambre à part, et
» tous étaient soignés avec exactitude par des per-
» sonnes commises et payées par la ville. »

Ainsi, cent quatre-vingt-dix ans après, et au même emplacement, la ville de Metz construisait un baraquement destiné à recevoir les malades qu'elle voulait également, dans un but d'hygiène, éloigner de ses murs ; le fléau seul était changé : au lieu de la peste, c'était la guerre qui devait y envoyer ses victimes.

Les auteurs finissent leur chapitre par les réflexions suivantes :

« En terminant ce chapitre, sur lequel nous aurons » l'occasion de revenir lorsqu'il s'agira d'apprécier la » valeur de quelques-unes des mesures d'hygiène publi- » que mises en usage dans les siècles passés, nous pen- » sons qu'il n'est pas inutile d'appeler, dès-à-présent, » l'attention sur l'une d'elles, dont une application, faite » de nos jours, en Crimée, au moment où le choléra sé- » vissait violemment sur les armées alliées, a démontré » la puissante efficacité. Nous voulons parler de l'iso- » lement et de la séquestration des pestiférés, au moyen » de loges ou baraques construites à l'extérieur de la » ville dans une plaine parfaitement ventilée.

» Il ne faut pas oublier que c'est par des mesures sa- » nitaires non moins énergiques qu'intelligentes qu'on » est parvenu à mettre un terme aux invasions de la » plus redoutable des maladies contagieuses. Dans les » XVIe et XVIIe siècles, comme au moyen-âge, l'Europe a » été maintes fois visitée par la peste, parce qu'elle se » trouvait à peu près dans la même condition que celle » où l'Orient se trouve aujourd'hui. »

Pages 330-331, les auteurs parlent des établissements hospitaliers fondés par la ville dans ses environs, et ajoutent :

« Si l'épidémie prenait une certaine extension, à » proximité de l'établissement principal, mais en rase » campagne, des loges en bois, isolées les unes des au- » tres, s'élevaient en nombre suffisant pour recevoir

» les pestiférés qui y étaient journellement transportés.
» Cette mesure d'hygiène publique, la plus efficace
» pour prévenir les pernicieux effets de l'encombre-
» ment et d'une concentration miasmatique, et à la-
» quelle, dans une récente campagne, nos médecins
» militaires eurent recours pour mettre un terme au
» progrès du choléra et du typhus, est loin, comme
» on le voit, d'avoir une origine moderne.

» François Ranchin qui, en 1629 et 1630, lorsque la
» peste désolait Montpellier, était non-seulement
» chancelier de la faculté, mais encore premier consul
» et viguier de cette ville, en avait fait une salutaire
» expérience. Dans son Traité de la peste et dans
» un chapitre spécial, il traite de l'orientation et de
» l'alignement des loges en plein air, ne négligeant
» aucun détail relatif à la salubrité de ces refuges, à la
» sécurité de ceux qui sont forcés de s'y abriter. Il ex-
» prime l'avis que les supérieurs doivent obliger les
» villes, les établissements publics, et même les particu-
» liers aisés, à avoir constamment en magasin tous les
» matériaux nécessaires à la construction de ces habi-
» tations provisoires. »

Voici, du reste, les deux chapitres qui traitent de ce sujet, et que nous devons à l'obligeance de M. Félix Maréchal; ils sont extraits de l'*Opuscule*, ou *Traictés divers et curieux en médecine*, par François Ranchin. Lyon, 1640, page 196.

Des ais, bois, clovs povr faire des hvttes.

CHAPITRE XXXVII.

C'eſt vne matière à laqvelle peu de gens penſent, et qvi me ſemble néantmoins néceſſaire, et au général, et avx particvliers. Il eſt tovt certain qve le plvs ſovvent les hoſpitavx, ny les maiſons champeſtres, ne ſvffiſent pas povr recevoir les malades, et les infects, et il eſt expédient de faire des hvttes et de pierre, et de bois, à cevx qvi ne trovvent pas de logement; meſmes par fois, comme qvant il favt faire ſortir tovt le pevple povr déſinfecter vne ville, le pvblic fait faire grande qvantité de hvttes povr le loger. C'eſt povrqvoy les ſvpérievrs doivent obliger les particvliers qvi ont des moyens, de faire proviſion de certaine qvantité d'ais, de clovx, et de bois, povr faire des hvttes en cas de beſoins. Et de plvs en faire vn grand amas povr le pvblic, povr ſ'en ſervir en cas de néceſſité; c'eſt vne marchandiſe en laqvelle l'on ne pevt rien perdre, et l'on eſpargne beavcovp; car d'attendre la néceſſité, elles couſtent beavcovp plvs à recovvrer, comme il eſt aiſé à ivger. Povr les maiſtres charpentiers, il ſ'en trovve tovſiovrs povr dreſſer des hvttes, mais tovs ne les ſçavent pas faire; les vns les vevlent ſimples, les avtres dovbles, povr devx perſonnes, ou vne à chaqve loge, et les favt covvrir de tvyle ſvr les ais, affin qve la plvye covle mievx, et bien joindre, ou covvrir avec des liſteavx les entredevx des ais, affin qve le vent n'entre pas; meſmes l'on povrra mettre des ais ſvr la terre, povr éviter la froidvre, en eſtendant à vn coing de la hvtte la paillaſſe et le matelas au-deſſvs. Il y a d'avtres hvttes qve l'on fait en galerie, qvi contiennent qvatre chambres de chaqve coſté. Novs en fiſmes faire cent, mes compagnons et moy, lorſqve novs déſinfectaſmes la ville de Montpellier. Elles étaient tirées à la ligne avec diſtances de dix pas de l'vne à l'avtre, en levr longvevr, et en levr largevr et en ceſte diſtance, les rves paroiſſoient en droicte ligne d'vn coſté et d'avtre, si bien qve c'eſtait comme vne petite ville de bois. Et au plvs havt des hvttes, novs fiſmes conſtrvire une belle chappelle; et après cela on logea tovt le menu pevple de la ville dans ces hvttes, où il demevra ivſqv'à ce qve la déſinfection fvt parfaite; et novs avions ſoing de levr faire fovrnir tovtes les choſes néceſſaires à la vie, ivſqv'à levr faire baſtir des fovrs povr cvire levr pain, car povr le bois, ils en trovvaient aſſez en la campagne.

De plvs ils avaient des bovlangers, des bovchers, mangonniers, et avtres perfonnes qvi vendaient les chofes néceffaires; et de plvs des artizans, comme cordonniers, taillevrs, et femblables. Or, dans ce logement pvblic, les fvpérievrs doivent avoir foing des familles, ovtre cela des femmes, des vevfves, des filles : et bailler à vn chafcvn, vn qvartier commode, avec exhortation de vivre en paix et fans fcandale.

Des lievx propres povr la retraicte de cevx qvi font la qvarantaine simple ou dovble, après estre gveris de la peste.

CHAPITRE XXXVIII.

En vne ville bien policée, ovtre les hospitavx qvi font povr les malades, et les avtres lievx qvi fervent à la retraicte des infects, il favt qve les magiftrats et les confvls des villes ayent des maifons povr retirer cevx qvi fortent des hospitavx, après eftre gvéris de la Pefte povr y faire levr qvarantaine. Je fçay bien qv'il y a plvfievrs particvliers qvi fçavent où fe loger après levr gvérifon, et à cevx-là l'on baille des gardes jvfqv'à ce qve le terme de levr liberté foit venu. Mais povr les pavvres, les Svpérievrs font obligez d'y povrvoir, et tovt cela va à fovrnées; car à mefvre qve l'on fort vn nombre de gvéris des hofpitavx, on y remet d'avtres malades, et le mefme arrive de cevx qvi font gvéris après les qvarantaines. Or, fi les Svpérievrs n'ont pas des maifons baſties à ce dessein, l'on pevt constrvire qvantité de bonnes hvttes, veu qve telles gens ne covrent pas fortvne comme font les malades, et il les favdra loger près de qvelqve rvisseau ou rivière, affin qv'ils ayent le moyen de laver et relaver levr linge, et de désinfecter, par le moyen de l'air, des vents et dv soleil, levrs mevbles : et pendant levr séjovr, les consvls donneront ordre à ce qve rien ne levr manqve du costé de la novrritvre et des avtres nécessitez.

Dans le chapitre VI du même ouvrage, ayant pour titre *Règlement de politique,* pour être publié dans les Villes empestées, au paragraphe XXXIII, F. Ranchin dit :

L'vn des consvls avra le soing d'acheter cent dovzaine d'ais, et dv bois, et des clovx, povr la constrvction des hvttes, lesqvelles il fera dresser par qvelqve bon maistre avx lievx les plvs commodes, povr la retraicte des infects.

Depuis, ces sages mesures d'hygiène furent oubliées, et ce n'est que pendant la campagne de Crimée que nous les voyons appliquer de nouveau.

Dans la séance du Conseil d'hygiène et de salubrité du département de la Moselle, du 12 septembre 1855, M. le docteur Scoutetten, à propos de la réapparition du choléra dans quelques localités, disait : « Qu'il vou-
» drait voir adopter le système qui a si bien réussi en
» Orient, lorsque le choléra décimait notre glorieuse
» armée de Crimée : ce système consistait à isoler les
» malades ou à ne les grouper que par quatre, cinq ou
» six à la fois sous une tente turque ou dans une bara-
» que isolée parfaitement aérée ; cette disposition a
» permis, non-seulement de sauver un grand nombre
» de malades, mais encore d'amener la cessation du
» choléra. » *(Compte-rendu de 1855, page 79.)*

Nous avons cru devoir reproduire cet extrait ainsi que l'article suivant de M. Michel Lévy, ancien médecin en chef de l'armée en Orient (1), dans lequel l'auteur rappelle également ce qui a été fait dans ce sens pendant la campagne d'Orient, afin de montrer que bien avant la guerre de sécession en Amérique, les médecins français recommandaient la dissémination des blessés et des malades, et que, sur leur avis, le système

(1) *Dictionnaire encyclopédique des Sciences médicales,* publié en 1865 (tome III, page 374). — AMBULANCES.

de baraquement avait été essayé sur une assez grande échelle à la pointe de la Corne-d'Or, à Constantinople, et avait donné, comme toujours, les meilleurs résultats.

« La dissémination, l'éparpillement des blessés et des malades, est le seul moyen certain de conjurer les fléaux de l'encombrement. L'expérience m'a révélé, à cette fin, deux grandes et faciles ressources : l'hôpital en baraques pour toutes les saisons, l'hôpital sous tentes pendant la saison des chaleurs (voyez *Mémoire sur les hôpitaux militaires en temps de paix et en campagne*, lu à l'Académie de médecine). Sans les hôpitaux sous tentes, à Varna, nous y aurions eu la catastrophe du typhus après celle du choléra ; sans les hôpitaux en baraques et sous tentes, à Constantinople, le typhus y aurait commencé ses ravages huit mois plus tôt, et le choléra l'y aurait précédé.

» Pourquoi cette dernière maladie n'y a-t-elle jamais pris de développement? Les premiers cas s'étant déclarés à l'hôpital de Péra, je les fis sortir immédiatement de cet édifice et traiter sous tentes par M. Tholozan, sur un petit plateau isolé au bord du Bosphore, où elle n'a pas tardé à s'éteindre. Vers la même époque, elle se montra à Rami-Tchifflick ; même mesure, même isolement sous les tentes et par les soins de M. Champouillon; même et prompte disparition.

» L'hôpital en baraques, sous forme de pavillon, de trente à quarante lits chacun, disposés en rangées parallèles à grands intervalles, aérés par des fenêtres à l'opposite, indépendants les uns des autres, sans solidarité atmosphérique ni méphitique, établis sur de vastes espaces où la ventilation n'a point d'obstacles, cet hôpital, si l'on peut l'appeler ainsi, a fait pareillement en Orient ses preuves de salubrité relative. C'est dans l'enceinte sacrée du vieux sérail, à la pointe de la Corne-d'Or, que j'ai provoqué, obtenu en quelques semaines la construction des premières baraques hospitalières pour douze cents et plus tard pour dix-huit cents malades, car, avec le système des pavillons indépendants, pas de fixation rigoureuse d'effectif des malades, pas d'agglomération. Dans un bâtiment clos, caserne, hôpital, couvent, je ne conseillerai jamais de dépasser un chiffre de cinq cents malades.

» Sous les tentes, dans les baraques, vous pouvez doubler, tripler le chiffre. Par mon initiative, Constantinople a compté, avant la fin d'avril 1855, cinq hôpitaux ou annexes en baraques. Une si large expérience m'autorise à proposer cet exemple aux chefs du service de santé des armées, quand ils auront à conseiller ou à provoquer l'organisation des hôpitaux temporaires.

» Toujours encombrés, quoi qu'on fasse, toujours mal aérés, quoi qu'on prescrive, toujours infectés à la longue dans leurs planchers, dans leurs cloisons, dans leur mobilier, dans leurs coins et recoins, les bâtiments clos, casernes, couvents, hôpitaux ou lycées etc.., engendrent le typhus sous toutes ses formes, fomentent, concentrent et exaltent toutes les contagions ; la tente et la baraque, je veux dire la dissémination appropriée aux saisons, est le salut des malades et la sauvegarde des grands rassemblements de troupes. »

Pendant la campagne de la Prusse contre l'Autriche, en 1866, on a fait, pour abriter les blessés, l'essai de baraques qui ont réussi partout d'une manière très-satisfaisante, dit le docteur Esmarch, dans son ouvrage cité plus haut.

Nous aurons dans le cours de cette étude souvent occasion de parler des nombreux hôpitaux temporaires construits sous forme de baraquements en Amérique pendant la guerre de sécession. Ces établissements peuvent être considérés, à juste titre, comme les modèles du genre, à cause de leurs dispositions ingénieuses, de leur aménagement confortable et surtout par les beaux résultats qu'on y a obtenus au point de vue médical.

Nous donnons ci-dessous des statistiques extraites de l'ouvrage publié par les soins du gouvernement Américain, qui montreront l'utilité de ces sortes d'établissements.

STATISTIQUE DE L'HÔPITAL LINCOLN.

Cet hôpital fut ouvert le 23 décembre 1862 et fut fermé le 22 août 1865.

TABLEAU DES ENTRÉES.

	Malades.	Blessés.	TOTAL	Rentrées de congé ou de désertion.	TOTAL GÉNÉRAL
Troupes blanches...	12.391	7.837	20.228	3.565	23.793
id. de couleur..	13	5	18		18
Prisonniers de guerre	174	959	1.133		1.133
TOTAUX....	12.578	8.801	21.379		24.944

RÉSULTATS.

Retournés au service ou réformés.		Envoyés à l'hôpital général.	Congés.	Invalides de réserve.	Engagés libérés	Déserteurs	Morts.
Blanc	7,191	9.411	4.400	392	1.053	286	1.060
Couleur	»	18	»	»	»	»	»
Prisonnier	»	924	»	»	45	3	161
	7.191	10.353	4.400	392	1.098	289	1.221

En déduisant du chiffre total des troupes blanches le nombre d'hommes évacués sur d'autres hôpitaux généraux, il reste donc :

20,228 — 9,411 = 10,817 en traitement, qui se répartissent ainsi :

Retournés au service	6,339
Libérés du service à la fin de la guerre .	852
Déserteurs et absents par congé . . .	1,121
Réformés du service.	1,053
Invalides de réserve.	392
Morts.	1,060
TOTAL ÉGAL. . .	10,817

Donc 12 malades pour un mort, ou 8 o/o de morts.

STATISTIQUE DE L'HÔPITAL DE SEDWICK.

Sont restés en traitement dans cet hôpital général 1,385 malades ou blessés, qui se répartissent ainsi qu'il suit :

Retournés au service.	848
Libérés du service à cause de la fin de la guerre	210
En congé	181
Réformés du service.	56
Morts.	90
TOTAL ÉGAL. . .	1,385

Ce qui produit pour la moyenne de mortalité 6,30 o/o environ.

Mais, à notre avis, il est juste d'ajouter que si la mortalité est aussi faible, c'est que le nombre des malades entrés dans ces hôpitaux dépasse de beaucoup celui des blessés, et que la guerre de sécession ayant duré quatre années, il est à présumer que beaucoup de ces malades y sont entrés avec des indispositions légères, qu'un repos de quelques jours, joint à un régime meilleur que celui des camps, faisaient promptement disparaître.

Enfin, dans la dernière guerre, l'hôpital temporaire du polygone d'artillerie à Metz, dont on nous a confié l'exécution, malgré ses nombreuses imperfections, que nous n'avons pu faire disparaître et qui provenaient surtout du manque de matériaux convenables, par suite du blocus, est venu confirmer d'une manière remarquable la supériorité de ces ambulances sous le rapport de l'hygiène, de la salubrité et, ce qui n'est pas à dédaigner, de l'économie, car malgré la mauvaise alimentation des malades et les privations de toutes sortes qu'ils ont eu à supporter, la mortalité n'a été que de 10,8 o/o.

Le nombre des malades ou blessés ayant été de 5,203, celui des morts a été de 564, déduction faite de ceux amenés morts ou agonisants des champs de bataille.

III

Histoire de l'Ambulance temporaire du Polygone d'artillerie à Metz (1).

Après la triste expérience que la ville de Metz vient de faire, on ne saurait trop recommander aux municipalités d'éloigner les ambulances de l'intérieur des villes et villages.

Presque tous les blessés des batailles du 14 août, à Borny, du 16, à Gravelotte, et du 18, à Saint-Privat-la-Montagne, furent dirigés sur Metz et ne purent être évacués sur d'autres ambulances, par suite du blocus de la ville qui eut lieu dès le 18 août, en sorte que le nombre des blessés et des malades, à cette époque, dépassa le chiffre énorme de 22,000, qui furent répartis dans les ambulances et chez les habitants.

(1) Dans l'ouvrage sur le blocus de Metz, publié sous les auspices du conseil municipal, notre ami, M. Emile Michel, dans les pages éloquentes qu'il consacre aux ambulances de la ville, retrace en homme de cœur et dans un style touchant toutes les misères auxquelles nous avons assisté. Dans un chapitre spécial, il fait l'histoire de l'Ambulance du Polygone, dont il a été l'un des administrateurs; nous ne pouvions mieux faire que de puiser largement dans ce récit aussi fidèle qu'impartial, pour traiter notre sujet.

Quelques jours après, pendant la période de suppuration, les épidémies éclatèrent parmi les blessés et se transmirent rapidement à la population et à l'armée campée sous les murs de la ville. La dyssenterie, le typhus, la fièvre typhoïde et la variole firent de grands ravages. La mortalité qui, en temps ordinaire, pour la population civile, est en moyenne de trois à quatre personnes par jour, s'éleva en peu de temps de 20 à 25, et se maintint à ce chiffre pendant près de trois mois.

En temps ordinaire, la mortalité moyenne est de 110 personnes par mois. En août, elle fut de 218; en septembre, de 376; en octobre, de 628; en novembre, de 601; en décembre, de 435. Il est vrai que la population s'était accrue de 15 à 20,000 personnes, par suite de l'émigration des campagnes, en ville, pendant le blocus qui commença le 18 août et fut levé le 28 octobre.

Aussi, dès le début de la guerre, M. le docteur Félix Maréchal, maire de la ville de Metz, avec sa sagacité habituelle, prévoyant ce qui devait arriver, avait-il beaucoup insisté près de l'autorité militaire pour obtenir l'autorisation d'établir, hors des murs, un hôpital temporaire en baraquements, afin d'éloigner les malades et les blessés de l'intérieur de la ville.

L'intendance militaire aurait vivement désiré se décharger, d'abord sur les hospices civils, et ensuite sur la ville qui en aurait assumé toute la responsabilité, du soin d'organiser toutes les ambulances dans Metz. Elle avait déjà, dans le même but, envoyé un de ses agents dans toutes les villes de notre région, avec mission de passer, avec celles-ci, des engagements pour un nombre déterminé de lits. Moyen fort commode de se décharger d'un service difficile que l'on se sent impuissant à diriger. Mais l'administration et le conseil municipal, prévoyant heureusement l'importance de la tâche qu'on voulait leur imposer, et dont ils étaient loin cependant alors de mesurer l'étendue et la gravité, refusèrent en protestant cependant de leur bon vouloir, dans la séance du 23 juillet. Nous la reproduisons en entier, afin d'éviter une fausse interprétation de ce refus, — et pour montrer le bon vouloir du conseil municipal de prêter à l'administration militaire tout le concours possible, mais en même temps son intention bien arrêtée de ne pas se laisser entraîner dans des voies inconnues. (Voir *Appendice*, N° 2.)

Nous reproduisons également, et dans le même but, la séance du conseil d'hygiène de la Moselle, du 22 juillet, afin de montrer qu'avant de s'arrêter à cette grave résolution, l'administration municipale s'était entourée de tous les avis des personnes compétentes; ce procès-verbal permet aussi de constater combien le système de baraquement avait d'adhérents parmi les membres du conseil. (Voir *Appendice*, N° 1.)

Il est bien évident que si le sort des armes nous eût été favorable, cette sage mesure aurait épargné à la ville de Metz le douloureux tribut qu'elle a payé aux épidémies.

Un temps précieux avait été perdu en pourparlers, parce que l'intendance, au lieu de répondre au sujet du baraquement proposé, persistait toujours dans son projet de faire exécuter le service qui lui incombait par l'administration municipale. Dans la suite, lorsque la construction du baraquement fut arrêtée, on discuta longuement sur le choix de l'emplacement, sur la manière dont serait régi le nouvel établissement, comment le service médical serait assuré, etc.

Le choix se porta d'abord sur la plaine du Ban Saint-Martin, et nous dressâmes un premier projet. Mais quelques observations ayant été faites sur cette localité qui semblait trop encaissée par les routes qui l'entourent et la dominent, on adopta définitivement le polygone d'artillerie situé au nord de la ville, dans l'île Chambière, entre deux bras de la Moselle. L'endroit était sain et bien choisi pour y établir des malades, et l'étendue du terrain permettait d'espacer convenablement les constructions. Le seul inconvénient était peut-être son éloignement de la ville, mais il fut en partie racheté par un service régulier d'omnibus, partant à heure fixe de la place d'Armes.

Le baraquement fut commencé le 27 juillet, et cependant, le 1er août, l'intendance songeait encore à reporter cette construction vers Montigny; heureusement la difficulté de se procurer de l'eau sur ce point, où la nappe est à plus de six mètres en contre-bas du sol, fit renoncer à ce malencontreux projet qui allait faire perdre un temps bien précieux comme on le vit ensuite.

On avait proposé en même temps la plaine du Sablon, mais il faut bien reconnaître que ces localités ne présentaient pas d'avantages sérieux sur le polygone d'artillerie, et avaient en outre l'inconvénient d'être bien plus exposées aux feux de l'ennemi, de ne pas être la propriété de l'État, et de présenter un sol cultivé qu'il eût fallu niveler avant de rien construire.

Le projet que nous avions dressé pour le polygone fut approuvé par le conseil des médecins et des pharmaciens, réunis à l'Hotel-de-Ville dans le but de faire le compte du temps dont chacun d'eux pourrait disposer en faveur du nouvel établissement.

Le projet primitif fut dressé pour contenir 2,050 lits, soit 41 baraques de 50 blessés; mais le blocus de Metz ayant eu lieu le 18 août, les matériaux cessèrent d'arriver, et on dût réduire ce nombre à 1,500 lits. Cependant, avec les ressources de la localité, on aurait pu facilement compléter le projet tel qu'il avait été conçu primitivement, d'autant plus que les bois de charpente, plus difficiles à se procurer, étaient tous rendus sur place. Mais l'autorité militaire, comme toujours sans plan arrêté d'avance, coupa le terrain qu'elle avait mis, quelques jours avant, à notre disposition, par une route militaire destinée à faciliter les mouvements de l'armée campée sous les murs de la ville, ce qui nous força à modifier notre projet.

Le nombre des pavillons destinés aux malades fut alors fixé à 30 et le nombre de lits à 1,500. Deux de ces pavillons plus confortables étaient destinés, l'un aux officiers, l'autre aux amputés et aux grands blessés.

Le plan général était imité de celui du grand hôpital Lincoln, en Amérique, sauf quelques modifications d'une certaine importance dont nous aurons occasion de parler plus loin.

La construction commencée le 27 juillet fut terminée le 1er septembre : ainsi, en 35 jours de travail, nous avions fait 13,500 mètres carrés de baraquement, pouvant recevoir au minimum 1,500 blessés dans de bonnes conditions de salubrité.

Dès le 8 août, l'hôpital reçut 330 fiévreux ou malades. Le lendemain de la bataille de Borny, le nombre des lits occupés était de 1,000, le 16 de 1,900, le 17 de 2,200 après la bataille de Gravelotte, le 18 de 2,025 ; enfin, le 19, de 2,300 après la bataille de St-Privat-la-Montagne.

A cette époque toutes les baraques n'étaient pas construites, puisque nous n'avions pu encore disposer que de 23 journées de travail ; cependant 21 pavillons, dont un mieux aménagé pour les officiers, étaient terminés, ainsi que les dépendances nécessaires.

Il y a lieu d'expliquer ici comment on a pu, dès le 19 août, abriter 2,300 blessés dans 21 baraques qui ne devaient en contenir que 1,050,

D'abord le nombre de malades, qui ne devait être que de 50 par baraque, fut porté jusqu'à 70 et même 80 sans grand inconvénient, à cause de la ventilation très-active établie dans ces constructions. Les deux pavillons destinés aux salles de bains furent transformés en ambulances, et c'est pour abriter, le 18 août, un dernier convoi de 500 blessés qui avait voyagé une partie de la journée, renvoyé d'ambulance en ambulance sans pouvoir trouver de place, que nous fîmes construire à la hâte et en quelques heures, pour le recevoir, des abris triangulaires bien connus dans la suite sous le nom de *bonnets de police*. Ces constructions, que nous aurons occasion de décrire plus loin, nous ont permis d'éviter l'encombrement en attendant l'achèvement des 10 pavillons qui restaient à construire.

Le chiffre maximum des blessés fut, le 19 août, 2,300; le 28 octobre, le nombre était réduit au minimum à 1,069. Enfin, le 26 novembre au soir, dit M. Emile Michel, dans son travail sur les ambulances de Metz, « un dernier convoi de douze malades, organisé par » les soins de l'ambulance Hollandaise, quittait le poly- » gone. Entre toutes les tristesses dont l'âme était en- » vahie, ce n'était pas une des moindres de laisser » pour toujours ces baraques en bois, témoins de tant » de souffrances et de dévouement, qui, vides désor- » mais et inutiles, restaient abandonnées dans la » plaine. »

IV

Choix d'un emplacement pour la construction d'un Hôpital temporaire.

Le choix d'un emplacement pour l'établissement d'une ambulance temporaire doit surtout attirer l'attention des hommes spéciaux et des médecins qui y seront attachés; car de ce choix dépendent, en grande partie, les résultats plus ou moins beaux que l'on doit attendre, et rien ne saurait être négligé lorsqu'il s'agit d'arracher à la mort les braves tombés sur le champ de bataille en défendant la patrie.

On devra donner la préférence à une plaine sèche, horizontale ou à peu près de niveau, avec sous-sol de gravier, située plutôt sur un point élevé et exposée à tous les vents : on évitera avec soin le voisinage de marais ou de cours d'eau marécageux dont on aurait à redouter les effets paludéens. Il faut, en outre, que l'emplacement soit suffisamment spacieux pour que l'on n'ait pas à compter avec le terrain, et que chaque service soit largement partagé.

Il faut aussi que l'emplacement choisi ne soit pas trop éloigné de la commune qui en a pris la direction, et que l'accès en soit facile, qu'il soit pourvu d'eau pure en abondance, ou qu'on puisse l'y amener. Enfin qu'il puisse être drainé et asséché convenablement, même pendant les plus fortes pluies.

Si les convois de blessés doivent arriver par un chemin de fer ou par voie d'eau, l'établissement devra être aussi rapproché que possible de la gare ou de la rivière.

Il sera toujours préférable d'utiliser un champ de manœuvre, une grande place publique, une promenade, afin de profiter des travaux d'aplanissement, d'empierrement et d'assainissement déjà exécutés.

Dans une plaine cultivée on devra niveler les dosserets de champs, en ménageant des rigoles pour l'écoulement des eaux pluviales, tracer et empierrer les chemins intérieurs sur lesquels le service exigera le passage des voitures, etc. On comprend que tous ces travaux, fort coûteux, seront évités par le choix d'un emplacement déjà fréquenté ; cependant nous sommes d'avis que toutes ces considérations doivent disparaître, si la plaine cultivée offre des avantages marqués au point de vue de la salubrité, et que les questions d'hygiène doivent primer de beaucoup celles d'argent. S'il existe des ombrages aux environs du terrain choisi, on devra bien se garder de les supprimer. Ceux qui, comme nous, ont pu se convaincre par expérience des bienfaits de l'air pur sur la santé des malades, conseilleront de les approprier, s'il est possible, pour servir de promenades aux convalescents. Nous avons vu à Metz, dans toutes les ambulances, les malades rechercher instinctivement ce puissant auxiliaire du médecin, « et, dit M. Émile Michel, les jours de soleil étaient les bien venus. Aux fenêtres des hôpitaux et des casernes, une suite de visages pâles, amaigris, se pressaient, avides d'air et de lumière; les lits des chambrées, à portée des cours, y étaient transportés pendant les bonnes heures; tous ceux qui pouvaient se mouvoir se prêtaient un mutuel secours pour échapper à leurs tristes gîtes et aller se mêler aux camarades des tentes et des wagons (1). »

(1) Après les grandes batailles qui se livrèrent près de Metz, l'encombrement fut tel que l'on dût placer les blessés et les malades, — dans les hôpitaux civils et militaires, — dans les grands établissements publics, — chez les habitants, — dans des baraquements, — sous des tentes, — et même dans des wagons de chemin de fer groupés à cet effet.

V

Services qui composent une Ambulance temporaire.

Quelle que soit l'importance de l'ambulance, presque tous les services devront y être représentés. Dans celle qui contiendra un grand nombre de lits, chaque service occupera un ou deux bâtiments, suivant leurs besoins. Dans celle qui ne se composera que d'un nombre restreint de lits, ils pourront être groupés un, deux, trois dans la même pièce, et même être complétement supprimés, à la condition de faire exécuter leur travail à l'extérieur.

Nous donnerons la surface que doit occuper chaque service, en prenant pour type un hôpital de 2,000 lits. Il sera alors très-facile de calculer l'espace que doit occuper chacun d'eux dans un hôpital à construire, d'un nombre de lits déterminé.

Un hôpital de 2,000 lits doit se composer :

1. Pavillons des blessés.

40 baraques pouvant contenir chacune 50 lits pour blessés et malades.

2. Entrée.

Près de cette entrée seront construits :

1° Un poste pouvant contenir 10 à 12 hommes;

2° Une loge de concierge, avec logement.

3. Administration de l'état civil, se composant de :

1° Un bureau d'entrées et des sorties;

2° Un bureau de consignation pour les valeurs;

3° Un vestiaire des malades;

4° Un magasin de dépôt des vêtements et autres objets ayant appartenu à des décédés;

5° Un magasin de sacs;

6° Un magasin d'armes.

4. Administration de l'établissement, comprenant :

1° Un logement pour l'administrateur en chef ou l'officier d'administration;

2° Un bureau pour les comptables;

3° Un bureau de caissier, avec logement.

5. Sœurs et infirmiers.

1° Un logement pour les sœurs;

2° Un logement pour les infirmiers;

3° Un réfectoire pour les sœurs;
4° Un réfectoire pour les infirmiers.

6. Cuisine, comprenant :

1° Cuisine proprement dite ;
2° Une laverie;
3° Une dépense;
4° Une lampisterie;
5° Des dépôts pour la viande, le pain, les légumes, le combustible, etc.;
6° Une cave.

7. Pharmacie, composée de :

1° Pharmacie proprement dite;
2° Laboratoire;
3° Tisannerie ;
4° Cabinet du pharmacien en chef;
5° Chambre pour le pharmacien de garde.

8. Service médical.

1° Un cabinet du médecin en chef ;
2° Une chambre pour le médecin de garde ;
3° Une salle de réunion pour les médecins;
4° Salles d'opérations.

9. Lingerie, contenant :

1° Un magasin de linge de corps;
2° Un magasin de linge de lits ;
3° Un magasin de linge à pansement;

4° Un ouvroir pour le raccommodage du linge ;
5° Une chambre pour la directrice de la lingerie ;
6° Un magasin à linge sale ;
7° Une buanderie.

10. Bains.

Salle de bains.

11. Magasins divers.

1° Magasin d'objets mobiliers ;
2° Magasin d'ustensiles divers ;
3° Magasin de paille pour les lits.

12. Secours contre l'incendie.

1° Un magasin de pompes ;
2° Poste de pompiers.

13. Service hydraulique.

1° Pompe, avec ou sans machine à vapeur ;
2° Réservoir d'eau.

14. Chapelle.

Une chambre pour l'aumônier.

15. Chambre des morts, divisée en :

1° Salle des morts ;
2° Salle d'autopsie.

16. Lieux d'aisances.

Les Américains, lors de la guerre de sécession, prévoyant sans doute qu'elle durerait longtemps, établirent leurs ambulances avec un luxe de confortable que nous ne croyons pas nécessaire d'imiter. Aussi plusieurs de ces établissements ont-ils été conservés jusqu'aujourd'hui et convertis en hôpitaux civils. En outre des services déjà fort nombreux que nous venons d'énumérer, ils contenaient :

1. Une buanderie, se composant :

1° D'une salle de lessivage :
2° D'une batterie ;
3° D'un séchoir à air libre ;
4° D'un séchoir à air chaud.

2. Une cuisine spéciale

Pour préparer les mets plus délicats et la nourriture des officiers.

3. Des bouilloirs pour le thé et le café.

4. Une salle à manger pour les convalescents.

5. Une Glacière ou des appareils à glace, pouvant fournir à chaque homme et par jour 500 grammes de glace, et qui servait à la conservation de la viande et des autres aliments.

6. Une Étable pour fournir le lait à l'hôpital.

7. Des Remises et Écuries pour loger les chevaux et les voitures de l'établissement.

8. Un Gazomètre pour l'éclairage.

Toutes les parties de l'établissement étaient reliées entre elles au moyen d'un petit chemin de fer avec wagonnets, disposés sous les passages couverts.

Si tous les besoins du corps étaient réunis, on n'avait pas négligé ceux de l'esprit; on y trouvait aussi :

9. **Une Bibliothèque,** avec salle de lecture.

10. **Un Atelier de Photographie,** avec photographe pour faire gratis le portrait des blessés et malades qui désiraient l'adresser à leurs familles ou à leurs amis, ainsi que pour photographier les cas pathologiques remarquables ou dignes d'être conservés pour des études ultérieures.

11. **Un Jardin** soigneusement entretenu, composé d'un potager et d'un jardin d'agrément pour la promenade des convalescents.

12. **Une Musique** composée de 15 à 20 musiciens était attachée à l'établissement pour la récréation des malades.

Enfin, certains établissements avaient leur bureau de poste spécial et leur imprimerie.

Il est bien évident que l'État ou une administration hospitalière ne peut s'occuper de procurer aux malades tout ce luxe d'agréments, et que, lancé dans cette voie, on peut aller fort loin; aussi, doit-on laisser à l'initiative privée le soin de fournir aux malades toutes les douceurs et toutes les jouissances qui doivent alléger leurs maux. L'administration doit surtout s'occuper de donner largement *tout ce qui leur est nécessaire*. La charité privée apportera *le superflu*, mais il ne faut pas prendre ici le mot dans son acception propre, puisqu'il peut dans certains cas concourir, comme le nécessaire et mieux que le nécessaire, à sauver le malade.

Si l'hôpital temporaire à construire devait contenir moins de 500 lits, les pavillons destinés aux blessés seraient au maximum au nombre de 10 et les dépendances seraient de beaucoup réduites. Ainsi, en admettant comme type un hôpital de 500 lits, il se composerait :

1. Pavillons des blessés.

Dix baraques pouvant contenir 50 lits.

Le poste de l'entrée serait supprimé et le concierge remplacé par un planton.

2. Administration de l'Établissement.

Cette partie serait réduite à deux bureaux.

3. Administration de l'État civil.

Le bureau serait annexé aux précédents ainsi que celui de consignation.

Dans une salle on ferait le vestiaire des malades, un magasin des objets ayant appartenu aux décédés. Dans une deuxième salle, un magasin de sacs et d'armes.

Il n'y aurait pas de logement ni de réfectoire pour les sœurs et les infirmiers.

4. Cuisine.

La cuisine se composerait de trois pièces, l'une pour la cuisine proprement dite, l'autre pour la dépense et la troisième pour les dépôts.

La pharmacie serait supprimée, les tisanes se prépareraient dans la cuisine et les médicaments seraient pris dans l'officine la plus voisine.

5. Un Cabinet de médecin serait suffisant.

6. La lingerie serait réduite à deux pièces; le linge serait blanchi au dehors.

7. Un Cabinet renfermant deux baignoires et un bain de pieds.

8. Les Magasins seraient réunis dans une pièce ou deux.

9. La Chambre des morts serait un simple cabinet.

10. Les lieux devraient être installés dans la proportion qui sera indiquée ensuite et feraient partie du baraquement.

Dans tous les hôpitaux, toutes les parties qui les composent doivent être reliées entre elles au moyen de couloirs couverts, mais ouverts d'un côté en forme de portique. Pour l'hiver, ils peuvent être fermés entièrement au moyen d'une cloison vitrée mobile que l'on enlève pendant l'été.

Aux termes de la convention de Genève, les hôpitaux doivent être surmontés d'un pavillon blanc avec croix de Malte, rouge ; ce pavillon doit être accompagné des couleurs nationales du pays qui les régit. A cet effet, dans la partie la plus élevée et la plus en vue de l'établissement, on placera un mât portant les deux drapeaux; si l'hôpital occupe une grande étendue, il sera nécessaire de répéter ce signal plusieurs fois.

Dans la cour intérieure, près des passages couverts, on devra disposer de distance en distance des bancs en bois, les uns au soleil pour le matin et le soir, les autres à l'ombre pour les heures les plus chaudes de la journée, afin que les blessés puissent s'y reposer pendant les heures de promenade.

VI

Dispositions générales des différentes parties qui composent les Ambulances temporaires.

NOTICE SUR LES HOPITAUX LINCOLN, HAMPTON, DU POLYGONE A METZ, HICKS, SEDGWICK, HAMMOND, JEFFERSON, MAC-DOUGALL, MOWER ET DE CAMP.

Deux conditions s'imposent d'elles-mêmes pour commander la disposition générale à adopter dans la construction des hôpitaux temporaires. La première et la plus importante est de rechercher un arrangement de bâtiments, tel que l'air vicié d'une baraque contenant des malades ne soit pas chassé par le vent sur les voisines. La deuxième, que les baraques contenant les blessés forment le périmètre de l'enceinte, et que celles affectées aux services divers soient groupées au centre, de manière à faciliter les communications.

Pour satisfaire à ces conditions, diverses dispositions ont été appliquées par les constructeurs américains dans leurs grands hôpitaux ; nous allons les passer en revue, en signalant au lecteur les différences qui existent entre eux et les améliorations qui y ont été introduites successivement.

Pour cela faire, nous les diviserons en *trois groupes*, basés sur l'analogie des plans.

Le premier comprendra ceux dont les pavillons de blessés sont placés sur les deux côtés d'un angle :

PREMIER GROUPE.

Fig. 1. Vue perspective de l'Ambulance temporaire du Polygone, à Metz.

Hôpital Lincoln, Hôpital de Hampton, auxquelles nous joindrons l'Hôpital du Polygone, à Metz.

Le deuxième comprendra ceux dont les pavillons de blessés forment dans leur ensemble une couronne circulaire, et disposés suivant les rayons de la circonférence :

DEUXIÈME GROUPE.

Fig. 2. Vue perspective d'un Hôpital sur plan circulaire.

Hôpital de Hicks, Hôpital de Sedgwick, Hôpital Hammond, Hôpital Jefferson,

Le troisième comprendra ceux dont les pavillons de blessés

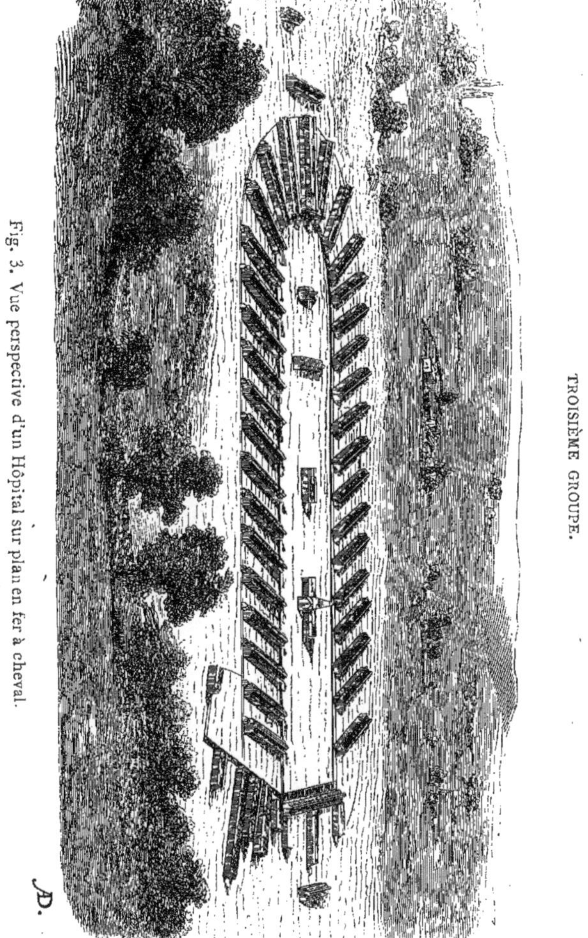

Fig. 3. Vue perspective d'un Hôpital sur plan en fer à cheval.

sont placés normalement ou à peu près normalement à un passage couvert en forme de fer à cheval (demie-ellipse), ou bien encore d'ellipsoïde aplati, ou disposés côte à côte en ligne droite :

TROISIÈME GROUPE.

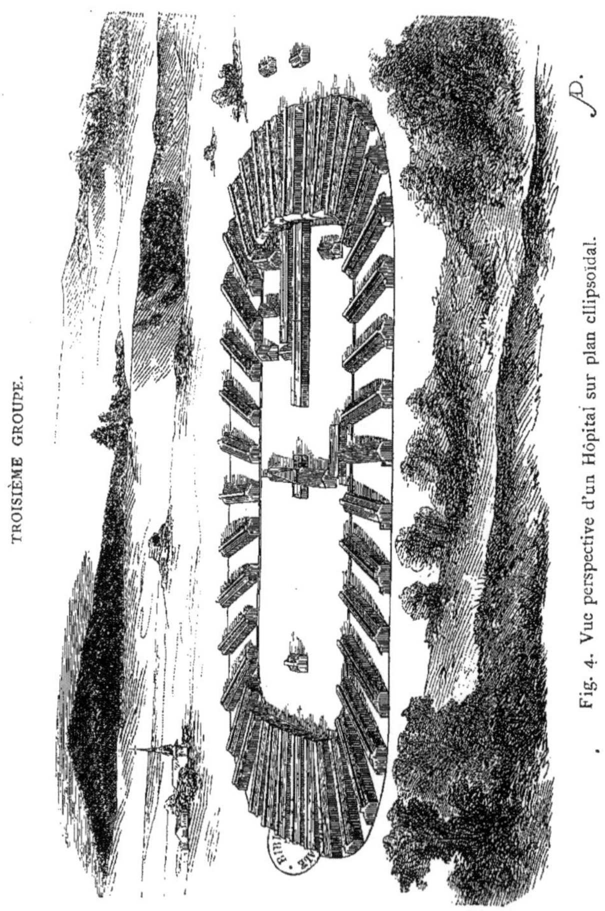

Fig. 4. Vue perspective d'un Hôpital sur plan ellipsoïdal.

Hôpital de Mac Dougall, Hôpital Mower, Hôpital de De Camp.

Le premier groupe, à notre avis, satisfait beaucoup mieux à la condition d'aération et de ventilation que toutes les autres dispositions; mais il a l'inconvénient de donner à nombre égal de pavillons un plus grand développement de passages couverts, et, par conséquent, un plus long parcours pour le service. Comme on le voit, la forme circulaire (2e groupe) a été très-employée et remplit bien les conditions du programme même pour les hôpitaux de grande dimension, comme celui de Hicks. Les dispositions du troisième groupe ne devront être appliquées que lorsque le terrain ne permettra pas d'en employer d'autres; on comprend qu'un système de baraques posées parallèlement et sur une même ligne ne seront pas suffisamment aérées lorsque le vent soufflera perpendiculairement au flanc de la première.

L'orientation la meilleure est celle du nord au midi pour les pavillons de blessés, dans le sens de leur longueur. Chaque bâtiment doit porter une inscription très-apparente désignant sa destination. Les pavillons de blessés auront chacun un numéro; on placera de préférence, d'un côté, les nombres pairs et de l'autre les impairs. Dans cette numérotation et dans celle des lits, à l'intérieur des pavillons, on fera bien d'omettre le chiffre 13; l'idée superstitieuse attachée à ce nombre suffirait pour compromettre la vie de beaucoup de malades occupant ce numéro.

1er GROUPE. — PLAN TRIANGULAIRE.

HOPITAL LINCOLN-WASHINGTON

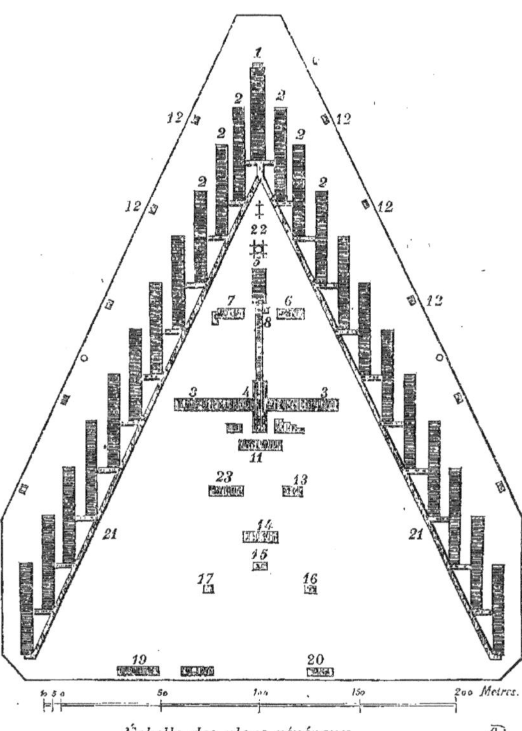

Échelle des plans généraux.

Fig. 5. Plan général de l'hôpital Lincoln, à Washington.

Légende explicative. — 1. Bâtiment d'administration. — 2. Pavillons de blessés.— 3 3. Salles à manger.— 4. Cuisine principale.— 5. Buanderie. — 6. Pavillon des infirmiers en chef. — 7. Pavillon des sœurs. — 8. Machine à vapeur. — 11. Magasins d'approvisionnements. — 12. Lieux d'aisances. — 13. Chapelle. — 14. Ecuries. — 15. Pavillon des nègres libérés. — 16. Corps de garde.— 17. Morgue. — 19-20. Habitations des médecins. — 21. Corridor couvert. — 22. Réservoir. — 23. Écurie de vaches.

HÔPITAL LINCOLN.

Cet hôpital fut commencé vers la fin de 1862. En janvier 1863, on y admettait les premiers malades. Il était établi près de Washington, à sept kilomètres à l'est du Capitole, sur un terrain ondulé, mais entièrement dépourvu d'arbres. Il se composait de vingt pavillons disposés suivant les deux côtés d'un angle et parallèlement à la bissectrice de cet angle, de telle sorte qu'ils s'embriquaient sur environ moitié de leur longueur.

Les bâtiments renfermant les divers services étaient groupés dans l'intérieur du triangle.

Chaque pavillon était une baraque construite avec des planches et badigeonnée à la chaux; chaque salle avait 34 fenêtres et 4 portes. Les parois en planches étaient enduites en mortier sur les deux faces, jusqu'à la hauteur de 8 pieds au-dessus du plancher. Il contenait 60 lits, ce qui donne 1200 lits pour tout l'hôpital.

Quatre ouvertures de ventilation étaient réservées dans le plancher et fermées à claires-voies; elles étaient mises en communication avec l'air extérieur, au moyen de tuyaux en bois, par lesquels il arrivait dans les pavillons, lorsque le mauvais temps forçait de tenir les portes et les fenêtres fermées.

En moyenne, un malade avait 1447 pieds cubes d'air.

L'ouverture de cet hôpital eut lieu le 23 décembre 1862 et il fut fermé le 23 août 1865.

HOPITAL DE HAMPTON

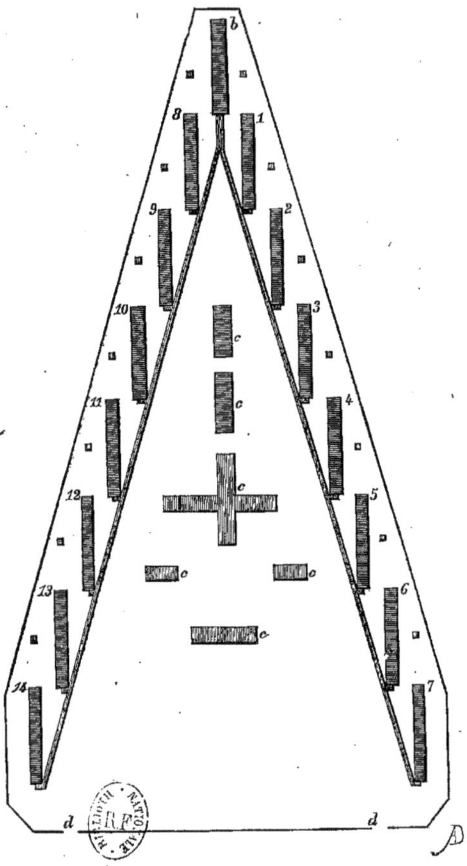

Fig. 6. Hôpital de Hampton. — Plan général.

Légende explicative. — 1 à 14. Bâtiments renfermant les blessés et les malades. — *b*. Administration. — *c*. Bâtiments renfermant les divers services. — *d d*. Entrées.

HÔPITAL DE HAMPTON.

Cet hôpital, situé près de la forteresse de Morœn, était construit sur un plan analogue à celui de Lincoln, seulement les pavillons de blessés étaient assez espacés pour qu'ils ne s'embriquent pas, c'est-à-dire ne se chevauchent pas sur une certaine partie de leur longueur; mais ils étaient placés de manière qu'ils soient disposés bout à bout sur les deux côtés d'un angle. Le bâtiment d'administration était au sommet de l'angle, les divers services étaient groupés suivant les besoins dans l'intérieur du triangle. Il contenait 1570 lits.

HOPITAL DU POLYGONE, A METZ

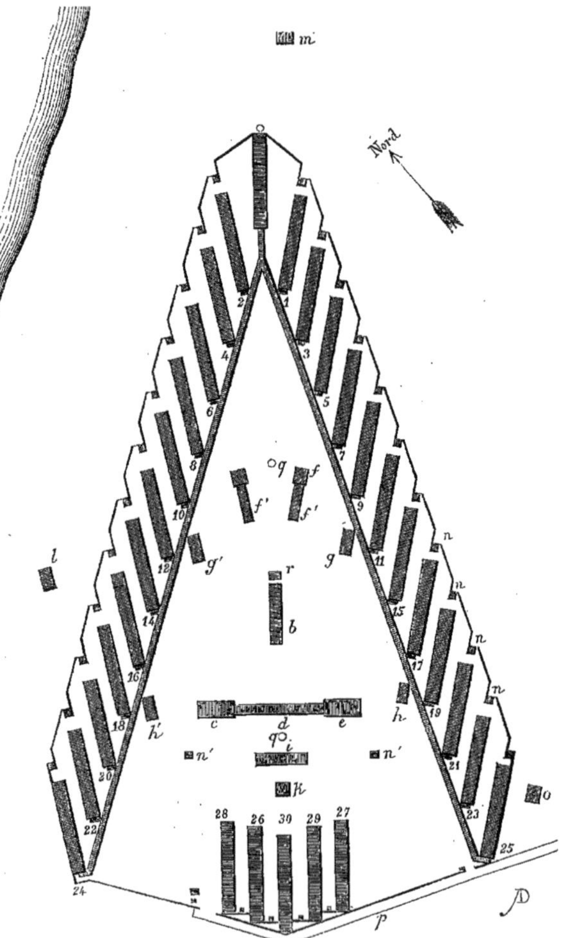

Fig. 7. Plan général de l'hôpital du Polygone, à Metz.

Légende explicative. — De 0 à 30. Bâtiments numérotés contenant les lits. (Le nº 13 est passé.)

a. Corps de garde.

b. Bureaux d'administration; atelier de réparation de linge et logement du directeur.

c. Poste, magasin et ratelier d'armes.

d. Grande lingerie et logement des sœurs.

e. Médecin de garde, aumônier, infirmier chef et médecin en chef.

f. Cuisine. — *f'.* Dépenses.

g g'. Cabinets de bains, convertis plus tard en pavillons de blessés.

h h'. Salles d'opérations.

i. Pharmacie.

k. Dépôt d'équipements et effets des décédés.

l. Dépôt de linge sale.

m. Salle des morts.

n. Latrines. — *n'.* Latrines de l'administration.

o. Bureau des employés attachés à la construction. (Le logement des infirmiers est dans les pavillons de blessés.)

p. Chemin d'arrivée.

r. Autel pour le service en plein air.

qq. Puits avec pompes.

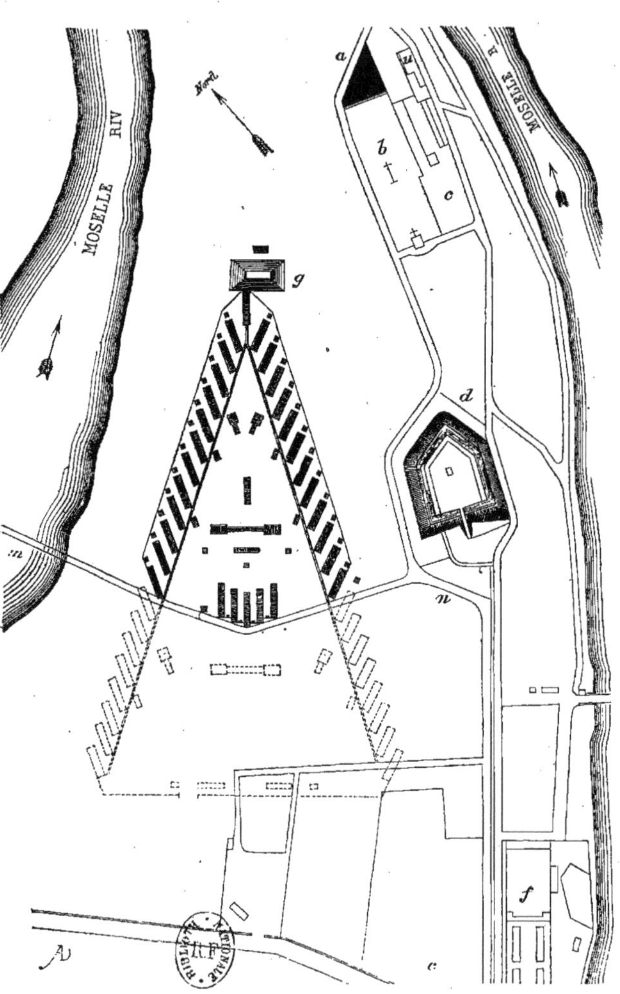

Fig. 8. Plan général du Polygone d'artillerie de Metz et plan de l'Hôpital temporaire.

Nota. La partie ponctuée complète le plan tel qu'il avait été conçu primitivement, avant que le terrain ne soit coupé par la route militaire *m n*.

Légende explicative — *a*. Cimetière dans lequel on a fait l'inhumation de tous les soldats morts dans les ambulances de Metz.

b. Cimetière Chambière.

c. Cimetière israélite.

d. Fort Miollis.

e. Porte Chambière.

f. Abattoirs de la ville.

g. Butte de terre pour le tir.

u. Cour aux Gélines, où était le baraquement de la peste de 1681.

HÔPITAL DU POLYGONE, A METZ.

L'hôpital temporaire de Metz fut construit sur le polygone d'artillerie, situé au nord de la ville, entre deux bras de la Moselle, dans l'île Chambière. C'est une plaine d'alluvion bien aérée et pourvue largement d'eau.

Le plan général fut imité du plan de l'hôpital Lincoln. Les pavillons de blessés, au lieu d'être posés parallèlement à la bissectrice de l'angle, comme dans ce dernier hôpital, étaient légèrement inclinés, de manière à former une espèce d'épi. Cette disposition facilitait la circulation de l'air entre les pavillons et donnait un angle moins aigu pour le raccord avec le passage couvert.

Ils étaient au nombre de 30 et contenaient chacun 50 lits, soit en tout 1500 lits. Pour compléter ce nombre, l'emplacement ayant été coupé pendant la construction par une route militaire, nous fûmes obligés d'en disposer 5 vers la base du triangle. (Voir le plan.)

Les bâtiments renfermant les services divers étaient groupés au centre. Le lavage du linge se faisait en dehors de l'établissement.

Nous joignons à notre travail un plan d'ensemble du terrain sur lequel a été construit l'ambulance temporaire du Polygone, à Metz. Nous avons indiqué en lignes ponctuées le projet tel qu'il avait été conçu primitivement, avec 41 pavillons pour 2050 blessés, avant que la route militaire ne soit venue en entraver la construction. Enfin nous donnerons un projet analogue avec les modifications que nous y introduirions, si nous étions appelés à construire un nouvel hôpital, et qui nous ont été indiquées par l'expérience et la pratique. (Voir chapitre 36.)

2e GROUPE. — PLAN CIRCULAIRE.

HOPITAL DE SEDGWICK

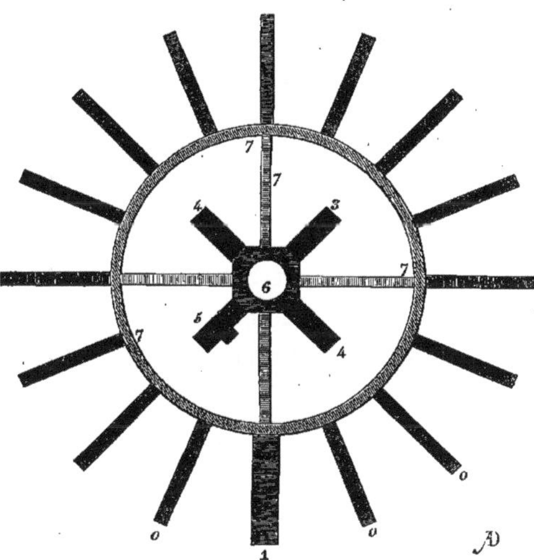

Fig. 9. Disposition générale de l'hôpital de Sedgwich.

Légende explicative. — o o o. Pavillons des blessés. — 1. Bâtiment d'administration. — 7. Voie couverte. — 6. Citerne. — — 5. Cuisine. — 4 4. Les Salles à manger. — 3. Corps de garde, magasin d'approvisionnements et d'habillements.

HÔPITAL DE SEDGWICK.

Cet hôpital était situé près de Greenville, dans la Louisiane, à peu près à quatorze lieues en amont d'Orléans, sur la rive Est du Mississipi, sur un terrain situé entre ce fleuve et le lac Pontchartrain. Le sol était formé de terre végétale déposée par les eaux et avait été cultivé pendant de longues années, en sorte que l'hôpital était entouré d'un vaste potager qui suffisait à ses besoins; les constructions étaient en partie abritées par l'ombre de grands chênes, et entourées de plantations d'orangers, de myrthes et autres arbres des tropiques.

L'hôpital se composait de 15 pavillons contenant chacun 40 lits, soit en tout 600 lits. Ces pavillons, disposés suivant les rayons d'un cercle, étaient reliés entre eux par un passage couvert circulaire de 12 pieds de largeur. Le bâtiment d'administration occupait l'un des rayons. A l'intérieur du cercle se trouvaient la citerne, la cuisine, les salles à manger, et dans un même bâtiment, le corps de garde, le bureau de fournitures et les magasins d'approvisionnements; le tout relié au moyen d'un passage couvert. En dehors, on avait reporté la chapelle, l'habitation des cuisinières et infirmières, la buanderie, le gazomètre, la boulangerie, la morgue, les réservoirs d'eau et les écuries.

Les baraques étaient construites en planches placées debout avec couvre-joints; elles étaient surélevées au-dessus du sol de trois pieds et reposaient sur des piles en pierre calcaire. La ventilation se faisait par le toit et par le plancher, comme à l'hôpital Lincoln. La surface affectée à chaque lit était de 69 pieds carrés.

Trois des petites chambres de chaque pavillon étaient

occupées par trois infirmiers; la quatrième contenait les bains et les water-closets.

Comme eau potable, on ne se servait que de l'eau de pluie que l'on rassemblait dans plusieurs citernes. La buanderie était établie près du fleuve, et la machine à vapeur qui lui fournissait l'eau en fournissait aussi pour le lavage de l'établissement, où elle était amenée au moyen d'une conduite spéciale.

Le nivellement général du sol de l'hôpital, de 1 p. 100 de pente, était disposé pour renvoyer toutes les eaux du centre vers la circonférence, où elles s'écoulaient dans des aqueducs cimentés, dans lesquels venaient se jeter les water-closets. Ces aqueducs déversaient leurs eaux à une grande distance dans les marais qui sont en communication avec le lac de Pontchartrain.

L'hôpital entier était chauffé par des poêles à houille et éclairé au gaz.

Chaque malade avait 69 pieds carrés, y compris le passage, et 1200 pieds cubes d'air pur.

Ouvert le 1er avril 1862, il fut fermé le 21 octobre 1865.

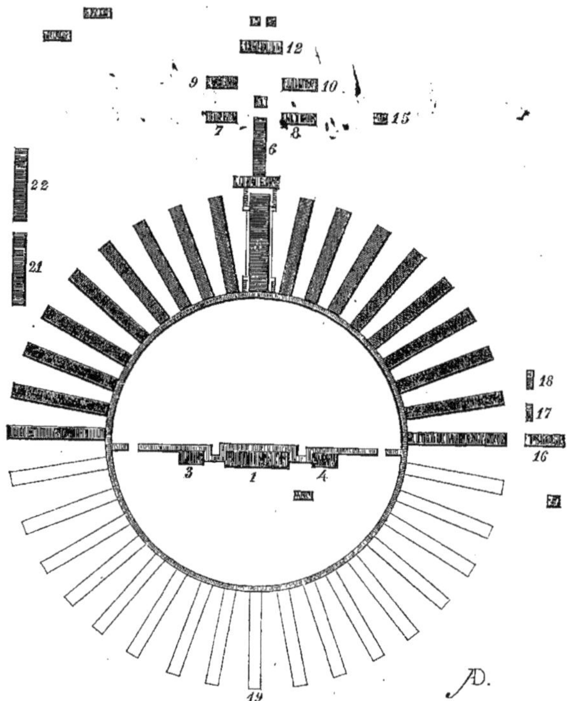

Fig. 10. Plan général de l'hôpital de Hicks. — Plan primitif.

Légende explicative. — 1. Bâtiment d'administration. — 3. Lingerie, bureau de poste, cuisine et salle à manger des officiers. — 4. Pharmacie, chambres d'opération et consultation. — 5. Salle à manger. — 6. Cuisine et buanderie. — 7. Habitation des employés. — 8. Magasin d'habillements. — 9. Habitation du quartier-mestre. — 10. Magasin d'approvisionnements. — 12. Corps de garde. — 21. Ateliers. — 22. Pavillon des maladies contagieuses. — 15. Morgue. — 16. Habitation des infirmiers en chef. — 17 et 18. Habitation des employés. — 19. Partie non exécutée.

HÔPITAL DE HICKS.

Il était situé dans le Maryland, à l'ouest, et dans le voisinage de Baltimore. Il fut ouvert en juin 1865. Cet hôpital, construit l'un des derniers, puisqu'il n'a pu être complété à cause de la fin de la guerre, ne fut ouvert que le 9 juin 1865; il renfermait toutes les améliorations et toutes les innovations que l'expérience avaient recommandées. Il devait se composer de 36 pavillons disposés sur les rayons d'une grande couronne circulaire, mais on n'en a construit que 18 formant moitié du projet.

Le bâtiment d'administration contenait, au rez-de-chaussée, les bureaux du chirurgien en chef et de l'officier de garde, du quartier-maître, de l'économe et des comptables, la bibliothèque et l'imprimerie. Au deuxième étage, les chambres d'officiers et logements d'employés.

Le bâtiment du réfectoire était à deux étages; au rez-de-chaussée se trouvait le réfectoire, de 1200 couverts; au premier étage, la chapelle et les dortoirs pour les infirmiers.

Les escaliers étaient à l'extérieur.

La boulangerie, qui avait deux fours, pouvait fournir 3,500 pains d'une livre et demie par jour. La cuisine principale, la buanderie étaient reportées à l'extérieur.

Les pavillons étaient enduits en plâtre à l'intérieur, éclairés au gaz et chauffés au moyen de poêles recouverts par un vase plein d'eau.

Les cabinets des pavillons contenaient une toilette, des water-closets et des cabinets de bains renfermant un poële et l'appareil à chauffer l'eau. Les water-closets, lavés au moyen d'un filet d'eau coulant constamment, se jetaient dans un aqueduc cimenté qui conduisait le tout hors de l'hôpital. Le réservoir principal fournissait de l'eau dans tout l'établissement; cette eau pouvait servir pour les secours contre l'incendie.

L'hôpital entier aurait coûté 860,000 francs de construction et n'avait été calculé que pour une durée de dix à douze années; chaque pavillon devait contenir 60 lits, soit pour l'hôpital entier 2160 lits, ou environ 400 francs par lits pour prix de revient de construction.

On conserve un petit modèle en bois de cet hôpital.

HOPITAL HAMMOND

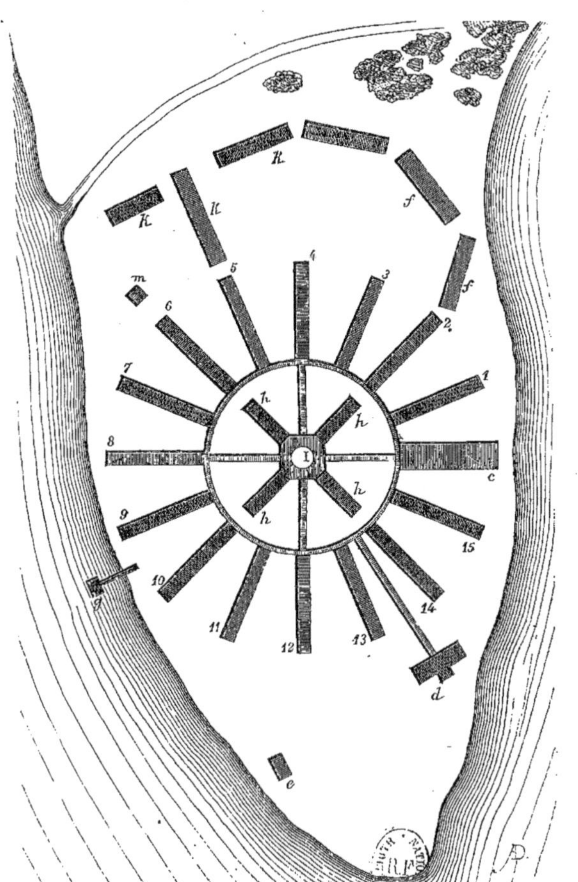

Fig. 11. Plan de l'hôpital Hammond et de ses environs.

Légende explicative. — 1 à 15. Pavillons des blessés. — *c*. Administration. — *d*. Cuisine. — *e*. Phare. — *b b*. Dépendances diverses. —

g. Pont de débarquement des blessés amenés par voie de mer. — *i.* Grand réservoir. — *k.* Hôtels contenant également des blessés. — *m.* Salle des morts. — *ff.* Magasins divers.

HÔPITAL HAMMOND.

Cet hôpital était situé au Maryland, au point de Lookout (vue étendue), sur une langue de terre à l'embouchure du Potomak, dans la baie de Chesapeake, sur l'emplacement de bains de mer autrefois très-fréquentés. La situation était bien choisie sous tous les rapports, air pur et salubre venant de la mer et bains salutaires.

L'hôpital était construit sur un plan analogue à celui de Sedgwick : il devait contenir 780 lits répartis dans les 15 pavillons qui en contenaient 52 chacun; mais dans la suite on a utilisé les maisons et les hôtels qui étaient à proximité pour y mettre des malades, et leur nombre s'est bientôt élevé à 1700.

HÔPITAL DE JEFFERSON.

Il était situé dans le voisinage de Jeffersonville, en Indiana, sur l'Ohio. Il était construit de la même manière que les hôpitaux de Sedgwick et Hammond. Comme on l'agrandissait sans cesse, à la fin le nombre de lits était de 2800.

3e GROUPE. — PLAN ELLIPSOIDAL.

HOPITAL MAC-DOUGALL

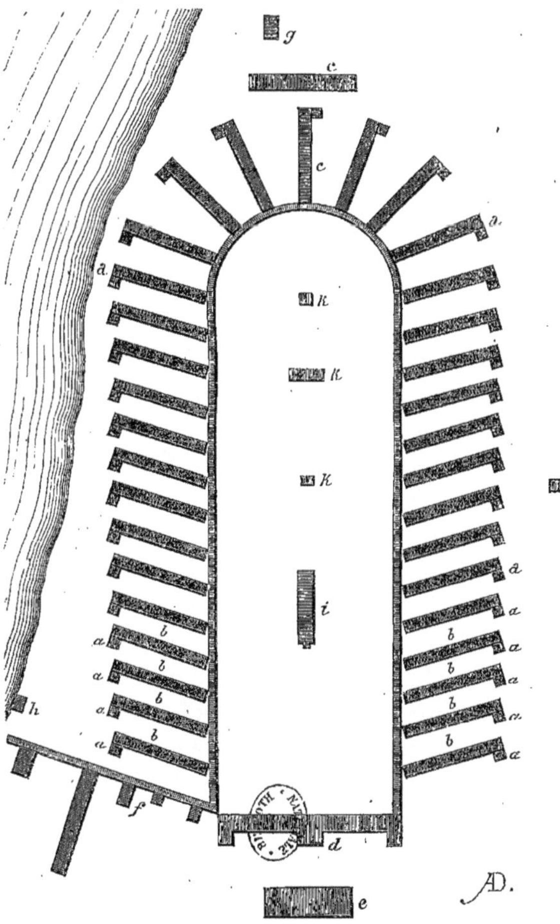

Fig. 12. Plan général de l'hôpital de Mac-Dougall.

Légende explicative. — *b b*. 34 Pavillons de blessés. — *a a*. Saillie du local renfermant les water-closets. — *c*. Administration. — *d*. Buanderie, magasins divers. — *e*. Cuisine. — *f*. Dépendances diverses. — *g*. Salle des morts. — *h*. Linge sale. — *i*. Chapelle. — *k*. Services divers.

HÔPITAL DE MAC-DOUGALL.

Cet hôpital était en New-Jersey, près du fort de Thuyler, sur une petite langue de terre qui s'étendait dans l'East River, et qui était entourée complétement d'eau salée pendant les heures de la haute marée. La position était excellente et nulle part l'aménagement intérieur ne fut surpassé.

Les pavillons, au nombre de 34, étaient disposés à peu près normalement au chemin couvert, qui avait la forme d'un fer à cheval. Sous ce chemin couvert on avait établi un chemin de fer. Le bâtiment d'administration était à une extrémité; la cuisine, la buanderie, etc., à l'autre. Dans l'intérieur du fer à cheval on avait placé la chapelle, les salles d'opérations, qui étaient reliées aux pavillons de malades par le chemin de fer, un corps de garde, un square avec une fontaine.

Les water-closets et les cabinets de bains étaient établis à l'extrémité de chaque pavillon, mais en saillie sur la cloison extérieure, de manière à les rejeter tout à fait en dehors.

Chaque salle contenait 48 lits, soit pour l'hôpital 1,632 lits.

HOPITAL MOWER

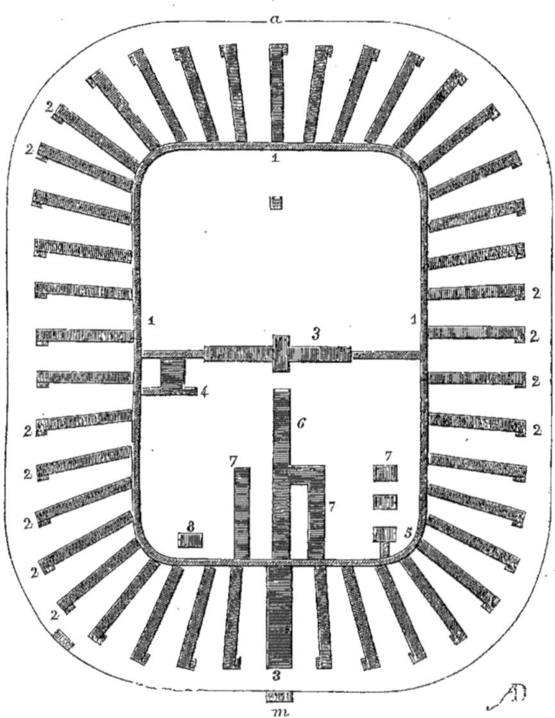

Fig. 13.

Légende explicative.— 1. Passage couvert. — 2. Pavillons des blessés. — 3. Bâtiment d'administration. — 4. Cuisine. — 5. Salle d'opération. — 6. Chapelle, bibliothèque. — 7. Services divers, magasins. — 8. Poste de sûreté. — *m*. Salle de linge sale. — *a*. Entrée principale.

HÔPITAL MOWER.

L'hôpital Mower était le plus grand et le plus complet de tous les hôpitaux temporaires construits pour la guerre de sécession, et probablement un des plus grands du monde. Il était situé dans le voisinage de Philadelphie et avait pris le nom de son premier chirurgien. Construit sur un plateau élevé d'environ 400 pieds au-dessus du niveau de la mer, il était largement aéré et assez éloigné de la grande ville de Philadelphie pour que l'un et l'autre n'aient rien à souffrir de leur voisinage réciproque. Un chemin de fer les reliait ensemble et permettait d'amener directement les malades et les blessés du théâtre de la guerre jusqu'à l'intérieur de l'hôpital. L'emplacement qu'il occupait avait 653 pieds sur 522 et une superficie totale de 341,466 pieds carrés.

Le nombre des pavillons de malades était de 50, contenant chacun 52 lits, soit un total de 2,600 lits, auxquels il faut encore en ajouter 500 pour le personnel, soit 3,100. Ils étaient placés normalement au chemin couvert qui avait la forme d'un ellipsoïde aplati sur les quatre faces opposées. La largeur du passage couvert était de 16 pieds et son développement total de 2,400 pieds. Il contenait un chemin de fer pour faciliter le service intérieur de l'établissement.

Les parois extérieures de ce passage étaient formées de panneaux vitrés à coulisses que l'on enlevait en été. En hiver il était chauffé au moyen de 50 grands poëles et servait de promenoir aux malades qui pouvaient quitter la salle. Au centre de la cour intérieure se trouvait le bâtiment d'administration contenant tous les services que nous avons déjà eu occasion d'énumérer. Il y avait, en outre, la chapelle, la bibliothèque et sa salle de lecture, la salle d'opérations, le bureau de poste, la salle à manger, la pharmacie, les cuisines.

En dehors de l'établissement, vers le nord, on avait construit des baraques pour les convalescents qui n'étaient plus en traitement médical. Les magasins d'approvisionnement et autres, les habitations des employés étaient aussi en dehors.

Dans cet hôpital, les pavillons des blessés avaient 20 pieds de largeur au lieu de 24, largeur généralement adoptée dans les baraquements américains. On signale ce fait comme un inconvénient. A l'une des extrémités de chaque pavillon, il y avait une salle à manger de 20 pieds sur 10, avec office de 8 sur 10. A l'extrémité on trouvait la chambre de l'infirmier supérieur, celle du médecin traitant et le cabinet de bains, chacun de 10 pieds sur 12; des water-closets et un lavabo de 6 sur 12.

Un appareil d'alarme pour l'incendie était disposé dans chaque pavillon.

Le montant de la dépense de construction s'éleva à 1,350,000 francs (250,000 dollars), ce qui fait par lit 520 francs environ.

Le nombre des employés, domestiques, etc., était de 1,659 personnes.

L'hôpital s'était créé un revenu avec les restes de cuisine, qui s'élevaient parfois à 5,000 francs par mois.

Le bureau de poste distribuait par mois pour expédier aux malades jusqu'à 12,944 lettres, et au dehors jusqu'à 9,912.

L'imprimerie faisait toutes les impressions nécessaires à l'établissement et en outre imprimait un journal rédigé par l'aumônier, qui se distribuait gratis aux malades de l'établissement, et dont ceux-ci étaient souvent les collaborateurs.

Cet hôpital était celui qui répondait le mieux à sa destination. Malgré ses dimensions colossales et le personnel qui s'est souvent élevé au chiffre énorme de 5000 personnes, rien ne laissait à désirer sous le rapport de l'administration. La propreté et la ventilation y étaient exemplaires; la discipline sévère et militaire, bien que l'on traitât les malades avec les plus grands égards.

Plusieurs médecins critiquent sévèrement ces hôpitaux immenses et nous sommes d'avis que cette critique est fondée. Nous préférons de beaucoup deux hôpitaux n'ayant que moitié de malades, au point de vue de la construction, de l'administration, de l'hygiène et de la salubrité.

HÔPITAL DE DE CAMP.

Il était situé sur l'île D'avid, aux bouches du Husson, dans l'East River, à 22 kilomètres en amont de New-Yorck.

Les baraques étaient simplement placées parallèlement les unes près des autres. Une partie de l'hôpital était composée de tentes d'hôpitaux disposées comme les baraques : le nombre de lits était d'environ 3,500.

La position était excellente, l'air de la mer avait la plus salutaire influence sur les malades. Aussi entretenait-on une ventilation très-active dans l'intérieur des pavillons de malades. Tous les hôpitaux du sud évacuaient sur cet hôpital toutes les maladies chroniques.

Un jour un convoi de 600 malades était envoyé par mer, de Charleston à l'hôpital de De Camp; il se composait surtout de dyssenteries et de fièvres malignes. Le médecin assurait que malgré l'état presque désespéré dans lequel se trouvaient ces malades, il en sauverait un grand nombre par l'influence seule du climat.

HOPITAUX DE 500 LITS

1er PROJET.

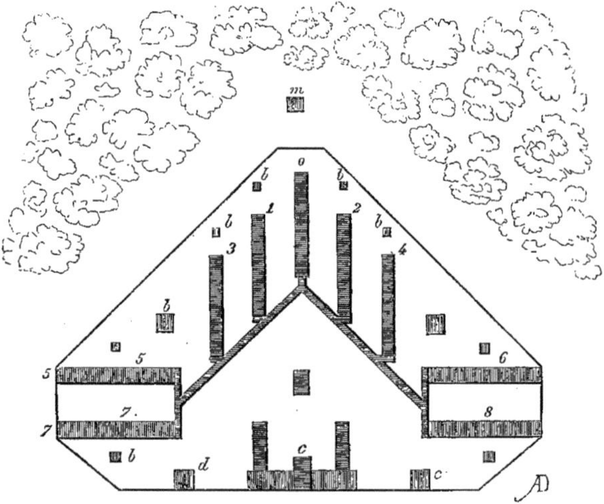

Fig. 14. Plan d'un Hôpital de 500 lits.

Légende explicative. — 0 à 8. Pavillons de blessés. — *a*. Administration. — *b*. Lieux. — *c*. Cuisine et magasins divers. — *d*. Bureau des entrées. — *e*. Corps de garde. — *m*. Salle des morts et dépôt de linge sale.

HOPITAUX DE 500 LITS.

2e PROJET.

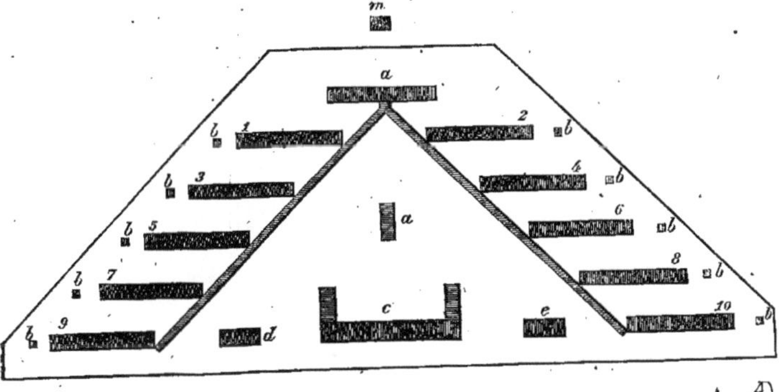

Fig. 15. Plan d'un Hôpital de 500 lits.

Légende explicative. — 0 à 10. Pavillons de blessés. — *a*. Administration. — *b*. Lieux. — *c*. Cuisine et magasins divers. — *d*. Bureau des entrées. — *e*. Corps de garde. — *m*. Salle des morts et dépôt de linge sale.

Pour ces petits hôpitaux, la dépense de construction serait assez réstreinte et ne dépasserait pas, après la vente des matériaux, la somme de 25,000 francs, soit environ 50 francs par lit. Il serait à désirer que toutes les villes au-dessus de dix mille âmes, situées sur les

Fig. 16. Vue perspective d'un Hôpital de 500 lits. — 1er projet.

lignes de chemin de fer, dans l'hypothèse d'une nouvelle guerre, se chargeassent de l'administration et de la construction de l'un de ces petits hôpitaux ; ce serait certainement le meilleur mode de dissémination des

Fig. 17. Vue perspective d'un Hôpital de 500 lits. — 2e projet.

blessés. Il faudrait, dans ce cas, que l'administration de la guerre eût toujours soin d'évacuer les blessures les plus légères vers les points les plus éloignés. Le service médical pourrait être assuré par la médecine civile.

D'après ce qui précède, on peut voir que l'on a construit des hôpitaux de beaucoup de formes, mais que les éléments ont peut varié, et que toujours on a fait de mieux en mieux. Aussi nous sommes convaincu que dans peu d'années ce mode de construction à un seul étage surélevé, largement ventilé, sera adopté même pour les hôpitaux civils permanents, puisqu'il permet de faire mieux et à bien moins de frais.

VII

Construction.

Avant d'entrer dans des détails spéciaux sur les dispositions intérieures à adopter pour chacun des bâtiments qui doivent renfermer les différents services, nous avons pensé devoir décrire les divers modes de constructions que nous avons employés à l'Hôpital temporaire du Polygone, à Metz.

Tous les baraquements de cet hôpital ont été construits sur deux dimensions de fermes dont les rhabillages en planches étaïent différents, —les unes de sept mètres de portée et espacées entre elles de quatre mètres, — les autres de six mètres seulement, espacées de deux mètres.

Dans les dimensions de bâtiments que nous donnerons plus loin, en prenant pour type un hôpital devant contenir deux mille lits, la largeur indiquera, pour chacun d'eux, quelle est celle de ces deux constructions qui a été employée, et la longueur, de combien de travées se composait le baraquement.

Un proverbe dit : « Perte de temps, perte d'argent. » En temps ordinaire, ce proverbe est vrai, mais en guerre, il ne l'est plus; il reste au-dessous de la vérité; car une avance de quelques jours peut sauver la vie à des milliers d'individus. Résultat qui ne peut s'acheter à aucun prix. Aussi, l'architecte ou l'ingénieur chargé de la construction d'un hôpital temporaire doit-il bien se pénétrer de ce principe et chercher par tous les moyens possibles à diminuer la main-d'œuvre en employant les matériaux tels qu'ils se trouvent dans le commerce, et à la simplifier pour qu'elle puisse être faite par tous les ouvriers de bâtiments. Inutile d'ajouter que toute espèce de luxe doit être banni de ces sortes de constructions; on ne doit rechercher que le bien et surtout l'utile. Du reste, la symétrie du plan et la grandeur de l'ensemble donneront toujours un aspect agréable, et si l'hôpital a une certaine étendue, cet aspect deviendra imposant.

A Metz, dans le but d'épargner la main-d'œuvre, nous avons employé les bois suivant leurs dimensions commerciales et autant que possible sans les couper, en les appropriant aux besoins divers.

Lorsque nous avons commencé les travaux, nous avons fait acheter, à très-bon compte, toutes les vieilles menuiseries telles que portes, fenêtres, persiennes, armoires pleines ou vitrées, vitraux, etc., que nous avons pu trouver à Metz et aux environs.

Ces débris nous ont été d'une grande utilité, puisque, par ce moyen, nous nous sommes procuré, sans main-d'œuvre et à peu de frais, toutes les menuiseries nécessaires à une construction couvrant plus de 13,500 mètres carrés.

Pour les fenêtres vitrées des faces latérales des baraques renfermant les blessés, nous avons employé des feuilles de verre du commerce, engagées à chaque extrémité dans des rainures pratiquées au bouvet, dans des montants verticaux espacés suivant la longueur de la feuille de verre. Cette feuille était retenue, en dessous, au moyen d'un simple liteau vissé sur place.

Toutes les ferrures ont été prises dans les choses les plus communes de la quincaillerie; celles des volets s'ouvrant de bas en haut ont été remplacées par deux pitons reliés entre eux par une forte ficelle; le tirage destiné à les soulever était fait de même. La plupart des serrures étaient remplacées par des loquets en bois, etc. Par ces moyens, aussi simples que primitifs, on arrive à une grande économie de temps et d'argent, et on a en outre l'avantage de pouvoir ensuite revendre les matériaux entiers presque sans perte.

Les travaux spéciaux, tels que l'assemblage ou montage des fermes et leur mise en place, doivent être réservés aux ouvriers charpentiers; la pose des portes et des fenêtres aux menuisiers, la pose des verres aux vitriers, la ferrure aux serruriers, etc.

Mais les rhabillages en planches des parois extérieures et intérieures, les planchers, les couvertures qui forment la majeure partie du travail, peuvent être exécutés très-habilement par des couvreurs, des plâtriers, des maçons, des ébénistes, etc.; de cette manière, quel que soit le peu d'importance de la localité, le constructeur est toujours en situation de trouver sous sa main un nombre suffisant d'ouvriers.

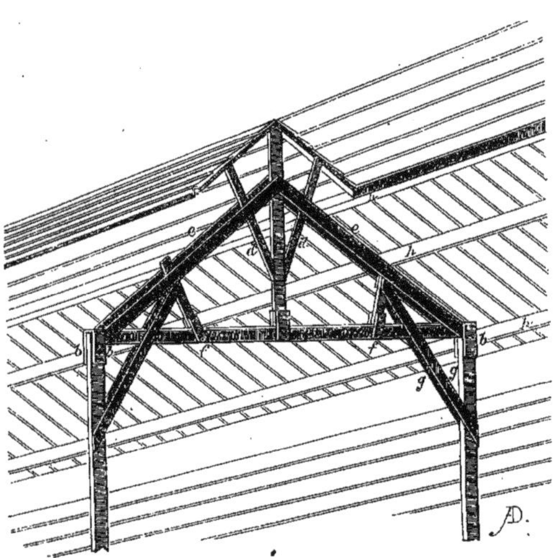

Fig. 18. Vue perspective d'une grande ferme indiquant le mode d'assemblage

Nous ajouterons enfin que toutes espèces d'assemblages doivent être proscrites et que les pointes ou les vis les remplaceront. Les seuls outils nécessaires aux ouvriers qui exécutent ces travaux se réduisent à une scie, un marteau et des tenailles. Les ouvriers, divisés par escouades de quatre ou six hommes, s'appliqueront chacun à une spécialité; ce qui permettra d'avancer rapidement le travail, en leur accordant un prix très-rémunérateur. Tous les travaux devront, autant que possible, être faits à la tâche, sur des prix débattus à l'avance, qu'il est facile d'établir, suivant la localité, lorsque le premier bâtiment est exécuté.

1° GRANDES FERMES.

Les fermes, ayant sept mètres de portée, étaient composées :

D'un entrait (*a*) en chevron de brin reposant sur deux poteaux verticaux de 15/15 pris dans le gros bout de ce chevron, sur lesquels il était fixé par deux taquets *bb* solidement brochés. Le poinçon *c* et les bras de force *dd* en chevrons équarris étaient maintenus en place par les arbalétriers *ee*, qui étaient formés de deux demi-planches clouées sur chaque face en forme de moises. Ils étaient reliés à l'autre bout sur l'entrait au moyen de doubles taquets *ff*. Deux écharpes moisées *gg* reliaient le poteau avec le premier bras de force.

Les extrémités des bras de force formaient échantignoles et servaient à clouer les pannes lorsque la ferme était en place. Le poinçon et les bras de force *dd* supportaient la couverture de la lanterne, qui était surélevée de 30 centimètres.

La ferme se mettait au levage telle qu'elle est décrite ci-dessus, c'est-à-dire entière et avec les poteaux.

Les pannes *h* étaient faites au moyen de planches de quatre mètres, entaillées sur moitié de leur largeur à chaque extrémité, et posées de champ. Pour éviter la flexion dans le sens de la pente, celle du haut était clouée sur une deuxième placée à plat sur les pannes, et formait avec la première une espèce de T ; celle du goutterot était clouée de champ sur les poteaux et formait bandeau extérieur. Le tout était cloué solidement au moyen de pointes de deux dimensions de 8 à 10 centimètres.

Le prix de main-d'œuvre d'une ferme, y compris la mise en place et celle du bandeau extérieur, était de cinq francs pièce.

Le percement des trous devant recevoir le pied des poteaux dans le sol était payé à part à raison de 20 centimes pièce.

Les planches refendues étaient sciées au moyen d'une scie circulaire portative, mise en mouvement par une locomobile installée au centre du chantier.

Revêtements. — Les revêtements des faces latérales furent exécutés au moyen de planches de quatre mètres clouées en écaille de poissons, entre le bandeau extérieur et la première planche, vers la partie supérieure, et, sur toute la longueur de la baraque, une ouverture de 40 centimètres de hauteur était réservée.

Le revêtement ne descendait pas jusque sur le sol, mais était arrêté au niveau du plancher, de manière à laisser la libre circulation de l'air en dessous de ce plancher.

Le prix de main-d'œuvre était de 10 centimes le mètre carré.

Le revêtement des pignons était fait en planches clouées verticalement et à recouvrement. Dans ces faces étaient réservées les portes.

Le prix de main-d'œuvre de cette partie du travail était de 30 centimes le mètre, à cause de la sujétion de hauteur et des ouvertures.

Planchers. — Le plancher était élevé au-dessus du sol d'environ 50 centimètres et rachetait les ondulations du terrain; il reposait sur des lambourdes espacées de 50 centimètres, formées d'une planche refendue en deux et supportées par des taquets coupés suivant la hauteur commandée par les différents niveaux du sol, pour mettre le plancher suivant un plan horizontal. Ces taquets reposaient en bout sur le sol, qui ne cédait pas sous leur pression, parce qu'il était abrité et sec.

Le prix de main-d'œuvre, y compris la pose des lambourdes et de leurs supports, était de 40 centimes le mètre carré.

Couvertures. — La couverture des longs pans avait une volée de 40 centimètres; elle fut faite en planches de 4 mètres posées à recouvrement, clouées directement sur les pannes. Le premier rang était formé de planches larges et de premier choix placées parallèlement entre elles avec un intervalle de 4 à 5 centimètres. Les recouvrements étaient faits au moyen de planches flacheuses dites *chons*.

Les lanternes étaient recouvertes au moyen de

planches posées en long, en écailles de poissons.

Ces couvertures laissèrent beaucoup à désirer et donnèrent de nombreuses gouttières dues aux alternances de sécheresse et d'humidité qui déformaient la planche ; les fentes et les nœuds donnaient également de l'eau pendant les premiers jours de pluie. Aussi nous conseillerons de ne les employer que lorsque l'on ne pourra se procurer du carton bitumé, dont le prix d'achat et de pose sera en partie couvert par l'économie de bois et de main-d'œuvre. On pourra également faire les couvertures en zinc, posé en feuilles entières sans coupes ni déchets, dont on retrouvera presque intégralement la valeur même après une année d'emploi. Dans ce dernier cas, la mise de fond sera beaucoup plus forte, mais en somme ce n'est qu'une avance d'argent à faire ; et si on exécute le travail dans une localité de quelque importance, on trouvera des entrepreneurs qui loueront le zinc, y compris la pose et la dépose, à raison de 1 franc le mètre carré.

Dans les premiers jours du mois d'octobre, nos constructions furent mises à une rude épreuve. Un ouragan furieux mêlé de pluie se déchaîna sur notre contrée, enleva en quelques heures les tentes de l'Esplanade ; toute l'ambulance établie dans l'île du Saulcy fut emportée. Les constructions du polygone exposées dans des conditions analogues résistèrent, à part quelques avaries qui furent réparées en quelques heures ; le dommage fut insignifiant, mais nous causa à tous les craintes les plus sérieuses.

La baraque au linge sale, isolée en dehors, sur le bord de la Moselle, fut littéralement enlevée.

Aussi conseillerons-nous de mettre des arcs-boutants sur les faces latérales des baraquements, si la contrée où l'on doit les établir est assujettie aux grands vents.

Il est bien évident que les baraquements construits comme nous venons de les décrire seraient insuffisants pour les temps froids et humides du printemps, de l'automne et de l'hiver, et que l'on ne pourrait les employer comme nous l'avons fait à Metz que pendant la belle saison, c'est-à-dire depuis le 1er avril jusqu'au 1er octobre. Mais si les couvertures sont faites en carton bitumé ou en zinc, on peut transformer en quelques jours, et avec une dépense relativement restreinte, ces locaux en salles que l'on pourra chauffer même par les temps les plus froids de l'hiver, tout en leur conservant leurs précieuses qualités de ventilation.

Pour cela faire, il suffira de plâtrer l'intérieur sur un contre-lattis cloué sur les planches jusqu'à la hauteur de la fenêtre, de fermer avec des volets mobiles les ouvertures de la lanterne, enfin de disposer dans chaque salle sur un massif en maçonnerie deux ou trois gros poêles de fontes, avec tuyaux de ventilation disposés comme il est indiqué à la fig. 19, page 102.

Si les planchers ont été faits comme nous l'avons indiqué, c'est-à-dire avec des planches brutes, il sera inutile de faire des ouvertures spéciales pour compléter la ventilation de la salle, attendu que l'air qui passera par les joints des planches sera plus que suffisant pour remplacer celui qui s'échappera par les cheminées d'appel de la couverture.

2° PETITES FERMES.

Les petites fermes, ayant six mètres de portée, étaient formées au moyen de quatre planches *aa*, clouées comme il est indiqué à la figure ci-contre n° 19. Ces fermes, assemblées ainsi sur une épure, étaient brochées ensuite sur deux poteaux de 2^m à $2^m,50^c$ de hauteur et mises en place, espacées seulement de deux mètres. Elles étaient reliées entre elles par des planches clouées à plat et formant bandeau. Le prix de main-d'œuvre de ces fermes mises en place était de 1 franc pièce.

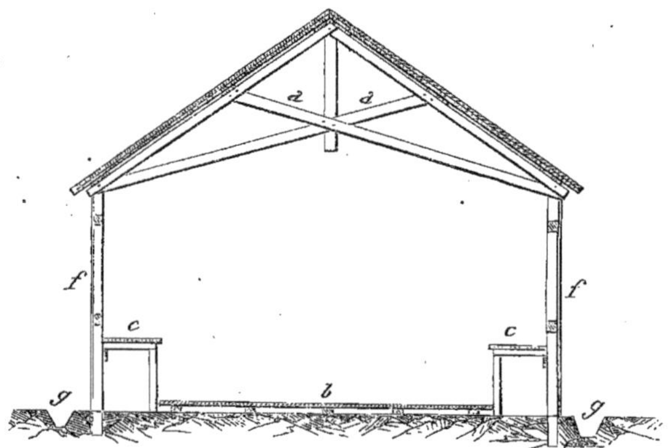

Fig. 19. Coupe d'un bâtiment de dépendances, indiquant la construction des petites fermes de 6 mètres de portée.

a a. Fermes en planches. — *b*. Plancher reposant sur le sol. — *cc*. Tables des dépenses. — *f*. Fenêtres. — *g g*. Fossés d'assainissement.

Couvertures. — Les couvertures avaient une volée de 0m,30 centimètres; elles étaient faites en planches posées en écailles de poissons ou à recouvrement, et servaient à relier les fermes entre elles et à consolider l'ensemble. Le prix de main-d'œuvre de ces couvertures était de 10 centimes par mètre.

Nous ferons au sujet de ces couvertures les mêmes réserves que pour celles des grandes fermes.

Revêtements. — Ces bâtiments étant destinés surtout à des magasins, les revêtements des faces latérales ont été faits au moyen de planches clouées à recouvrement et verticalement, afin de pouvoir réserver facilement dans ces parois des fenêtres et des portes.

Il en était de même des pignons.

Le prix de main-d'œuvre de ce revêtement, à cause de la sujétion des portes et des fenêtres, était de 35 centimes le mètre carré.

Plancher. — Le plancher des bâtiments était cloué sur des lambourdes reposant directement sur le sol et calées avec quelques moëllons. Le prix de main-d'œuvre, y compris la pose des lambourdes, était de 20 centimes par mètre.

Assainissement des Constructions. — Autour de tous les bâtiments et à l'aplomb des parois extérieures, il sera nécessaire de pratiquer dans le sol une rigole de 0m,40 centimètres de largeur sur 15 à 20 centimètres de profondeur pour recevoir les eaux des couvertures et empêcher qu'elles s'écoulent sous les planchers des baraques.

Si l'on peut se procurer à peu de frais des scories de forge en assez grande quantité, il serait à désirer que l'on pût en répandre une couche de quelques centimètres d'épaisseur sur le sol, au-dessous des planchers des baraques qui doivent contenir les malades. On remplacerait avantageusement les scories de forge par une légère couche de menu coke imprégné de goudron, qui produit un désinfectant très-énergique agissant comme l'acide phénique.

ESTIMATION DE LA DÉPENSE DE CONSTRUCTION DE L'AMBULANCE DU POLYGONE DE METZ.

La dépense totale s'est élevée à 163,000 fr. 01 c. Mais il faudrait déduire de cette somme environ 4,000 fr. pour acquisition de bois achetés en prévision d'une construction plus étendue, et qui n'ont pas été utilisés.

Elle se divise ainsi :

ACQUISITION DE BOIS		
Chevrons de brin	10.931 fr.	14 c.
Chevrons de sciage	8.633	82
Poutrelles de 4 mètres	2.954	21
Planches 2e choix, largeurs diverses	89.887	86
Chons (planches avec flâches)	8.065	25
Total	120.472 fr.	28 c.
Main-d'œuvre de menuiserie et de charpente	14.767	94
Main-d'œuvre de manœuvres et journées diverses	7.530	41
Travaux divers de terrassement pour l'assainissement du sol	2.794	44
Ferrures, quincaillerie, serrurerie, pose et fourniture	3.245	25
Achat de vieilles menuiseries	3.551	10
Vitrerie de verre simple et location de verre en feuilles	2.555	70
Fournitures diverses et couvertures en zinc	8.082	89
Total	163.000 fr.	01 c.

Si l'on compare ce chiffre avec le nombre normal de lits qui ne devait-être que de 1,500, on a pour prix brut de revient 108 francs. Mais il faut en déduire le produit de la vente des matériaux qui a donné, malgré les malheureuses circonstances dans lesquelles elle s'est effectuée, une somme de 80,000 fr., ce qui réduit la dépense réelle à 80,000 fr. environ et le prix du lit à 50 fr. Et ce prix aurait été diminué de beaucoup si nous n'avions été forcé de procéder en hiver à la vente de nos bois de démolition, à cause des vols nombreux dont nous étions les victimes.

Le Docteur Esmarch, dans son ouvrage, estime le prix de revient de ses baraquements à 80 fr. par lit, prix qui se rapproche beaucoup du nôtre avant la déduction du produit de la vente.

VIII

1° Pavillons des blessés et malades.

Comme nous l'avons vu déjà, le principe hygiénique sur lequel repose le système de baraquement est de placer les lits en petit nombre dans des salles largement aérées intérieurement et extérieurement. En Amérique, ce nombre était de 60; à l'ambulance de Metz nous avions adopté le chiffre normal de 50; en Allemagne, on propose de le réduire à 30.

Les pavillons de blessés qui composent une ambulance sont ordinairement construits tous sur un même type qui se répète autant de fois qu'on le juge nécessaire.

Ce pavillon, type le plus généralement adopté, est une baraque en planches, dont la largeur intérieure varie entre 7 et 8 mètres; la hauteur, entre 3 à 3 mètres 50 centimètres, mesurée depuis le plancher jusque sous les entraits des fermes. La longueur est déterminée par le nombre de lits qu'il doit renfermer, en admettant une largeur de 1 mètre 80 à 2 mètres pour l'espace qui doit être affecté à chaque lit, y compris l'intervalle qui les sépare. Le nombre de lits peut varier entre 30 et 60 au maximum. Le plancher est surélevé de 50 à 60 centimètres au-dessus du sol. A chaque extrémité, le baraquement est ouvert par deux portes de 2 mètres de largeur. Près de ces portes, et de chaque côté du passage de 2 mètres réservé dans le milieu, on établit deux cabinets destinés aux services spéciaux du pavillon.

Dans la construction de ces pavillons, on doit surtout s'appliquer à rechercher toutes les dispositions qui permettent d'entretenir toujours une vive ventilation à l'intérieur en évitant, autant que possible, les courants d'air trop froids dirigés sur les malades. A cet effet, les faces latérales doivent être largement percées d'ouvertures pouvant au besoin se fermer au moyen de fenêtres et de volets. Dans le faîtage de la couverture, on réservera, sur toute la longueur du baraquement, une ouverture de $0^m,70$ cent. à 1 mètre de largeur, recouverte par une petite couverture surélevée qui forme une lanterne.

Dans les hôpitaux américains, les faces latérales des pavillons de blessés étaient percées de fenêtres de deux en deux lits, se fermant au moyen de croisées vitrées à guillotine. Au Polygone de Metz, la ventilation se faisait par une ouverture de $0^m,45$ centimètres de hauteur réservée sur les deux faces latérales et sur toute la longueur du baraquement, à la partie supérieure et sous le toit, dont la saillie ou volée était de 0,m50 centimètres et abritait cette longue fenêtre. Elle se fermait au moyen de parties vitrées fixes de 2 mètres de largeur, alternant avec des volets pleins de 2 mètres de longueur, s'ouvrant de bas en haut au moyen d'un tirage en ficelle. Pendant toute la belle saison, on peut se dispenser de fermer cette ouverture du côté opposé au vent de la pluie.

Grâce à ces dispositions, on obtient des baraquements dans lesquels les cas d'érysipèles, de résorption purulente, de pourriture d'hôpital et de gangrène sont très-rares. Il est vrai que le froid, au dire de quelques praticiens, donne un nombre un peu plus élevé de tétaniques; mais ce défaut est loin de compenser les avantages que nous avons énumérés, et nous avons pu le constater par nous-même à l'ambulance du Polygone, qui fut entièrement préservée des périls qui sont la conséquence de toute concentration hospitalière. A aucun moment, même lorsque la population qui y était traitée atteignit le chiffre le plus élevé, 2,270 malades, on n'eut pas à constater dans les salles cette funeste odeur persistante et caractéristique, marque d'un danger certain pour les malades aussi bien que pour ceux qui les assistent. (M. EMILE MICHEL.)

Au Polygone de Metz, chaque baraque avait 52 mètres de longueur, divisée en treize travées de 4 mètres (longueur marchande de la planche), sur 7 mètres de largeur intérieure. La hauteur était de 3 mètres entre le dessus du plancher au-dessous des fermes. Le plancher était surélevé au-dessus du sol de 50 à 60 centimètres. Les poteaux supportant les fermes de la charpente, ayant 4 mètres de hauteur, étaient fichés en terre de 0^m,40 centimètres environ. Les faces latérales, revêtues en planches posées en écailles de poissons, comme nous l'avons expliqué au chapitre *Construction*, ne commençaient qu'au niveau du plancher et ne montaient que jusqu'à 0^m,40 centimètres en contre-bas de la couverture, de manière à réserver sur toute la longueur la fenêtre que nous avons décrite ci-dessus.

Le revêtement des pignons était également en planches, mais posées verticalement et à redoublement. Ils étaient percés chacun dans l'axe d'une porte de deux mètres de largeur. Les couvertures, faites en planches de sapin de premier choix, avaient une pente de un tiers; sur le faîtage était établie une lanterne surélevée de 0^m,30 centimètres au-dessus de la couverture. La couverture, composée de planches redoublées sur les joints, formait une volée ou saillie de 0^m,50 centimètres régnant sur toute la longueur.

La lanterne était couverte par des planches en long posées en écailles de poissons.

Aux deux extrémités de chaque pavillon de blessés, il avait été réservé quatre cabines de 2^m,50 de largeur sur 2^m,50 de longueur, entre lesquelles il existait un passage de 2 mètres de largeur

Pour éviter les courants d'air qui se produisent lorsque l'on ouvre les portes, il sera bon de placer une deuxième porte ou un rideau à l'autre extrémité du couloir formé par les cabinets construits dans les pavillons de blessés. Au Polygone, on y avait cloué une couverture de laine faisant portière.

La première de ces cabines était réservée pour la sœur et le médecin traitant;

La deuxième, pour y déposer le linge;

La troisième, pour les deux infirmiers de service;

La quatrième, pour y déposer les ustensiles divers.

On posera de nombreux rayons sur les parois intérieures des cabines, qui serviront de dépôts de linge et d'ustensiles divers.

Dans les hopitaux américains, la destination de ces cabines n'était pas la même.

La première était pour l'infirmier en chef;

La deuxième, pour la pharmacie et le linge;

La troisième, pour la chambre de bains;

La quatrième, pour le local des chaises percées.

L'espace restant libre pour les deux rangs de lits avait 47 mètres de longueur; le passage du milieu avait $2^m,80$ de largeur. En sorte que l'intervalle réservé entre deux lits était de un mètre en comptant 80 centimètres de largeur pour le lit. Chaque malade avait donc un volume de plus de 24 mètres cubes d'air à dépenser, volume bien plus que suffisant à cause de la ventilation active qui se faisait sur toutes les faces, et qui a permis, à un moment donné, d'en augmenter très-sensiblement le nombre sans grand inconvénient lorsque l'encombrement du 19 août s'est produit.

Comme nous l'avons dit précédemment, ces baraquements étaient insuffisants pour la saison froide; mais on peut les rendre plus confortables et susceptibles d'être chauffés à peu de frais et en quelques jours de travail.

Au point de vue de l'hygiène, il est très-important d'empêcher les eaux de pluie de se répandre sous le plancher où leur séjour pourrait avoir de graves inconvénients. Pour cela faire, il est nécessaire de creuser à l'aplomb de la paroi extérieure de chaque baraquement, et en dehors, un fossé de 25 à 30 centimètres de profondeur sur 40 centimètres de largeur, ayant un écoulement dans un collecteur disposé *ad hoc.*

Tous les baraquements doivent être reliés entre eux au moyen d'un couloir couvert ayant un plancher, formant une espèce de portique, destiné au service et à la promenade des blessés les jours de pluie. La couverture ne doit pas être élevée de plus de $2^{m}50$ au-dessus du sol pour le mettre aussi complétement que possible à l'abri de la pluie fouettée; la largeur de 3 mètres entre poteaux nous a paru suffisante.

L'espace compris entre deux pavillons renfermant des blessés doit être au moins de la largeur de l'un d'eux, soit 7 à 8 mètres. Les Américains demandent 10 mètres; le docteur Hamilton croit qu'il est nécessaire de porter cette largeur d'écartement au double de la hauteur d'un pavillon, soit 7 à 8 mètres. Notre avis est que la largeur de huit mètres est suffisante; sans trop allonger le parcours du service, elle ne permet pas à l'ombre d'un pavillon de se projeter sur l'autre, et le courant d'air qui les sépare suffit pour

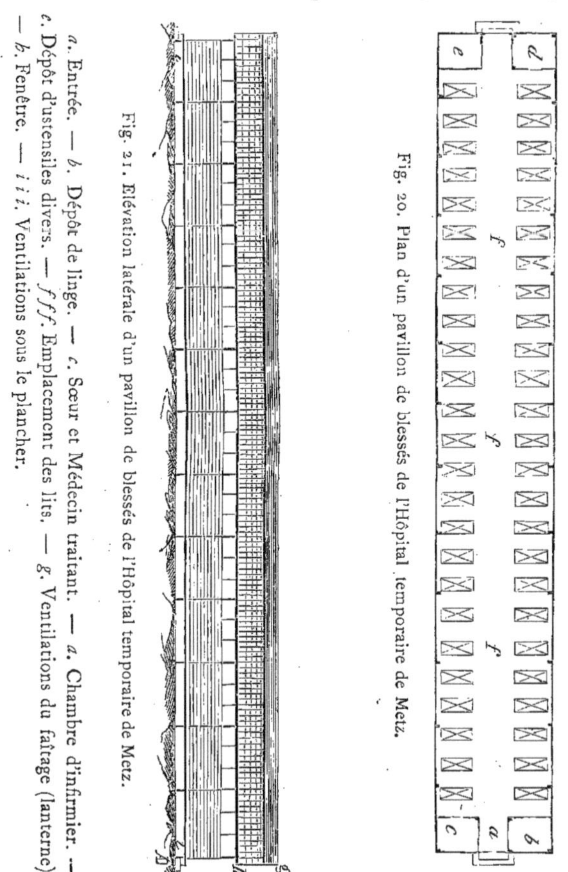

Fig. 20. Plan d'un pavillon de blessés de l'Hôpital temporaire de Metz.

Fig. 21. Élévation latérale d'un pavillon de blessés de l'Hôpital temporaire de Metz.

a. Entrée. — *b*. Dépôt de linge. — *c*. Sœur et Médecin traitant. — *d*. Chambre d'infirmier. — *e*. Dépôt d'ustensiles divers. — *fff*. Emplacement des lits. — *g*. Ventilations du faîtage (lanterne). — *h*. Fenêtre. — *i i i*. Ventilations sous le plancher.

entraîner au loin les émanations miasmatiques qui s'échappent de l'un et de l'autre.

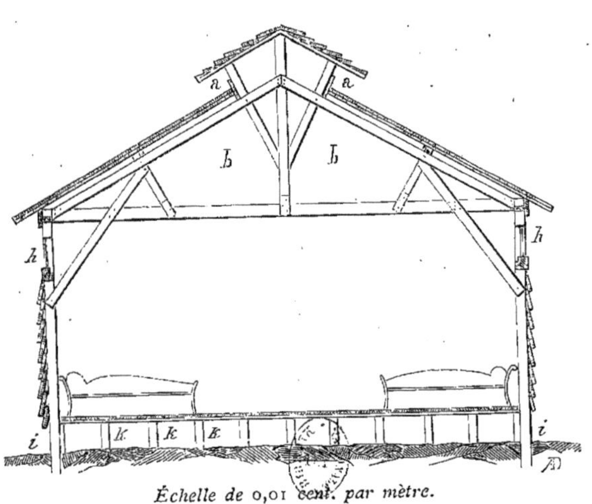

Échelle de 0,01 cent. par mètre.

Fig. 22. Coupe d'un pavillon de blessés de l'Hôpital temporaire de Metz.

a a. Ventilation du faîtage. — *g g*. Lanterne. — *b b*. Ferme de la couverture. — *h h*. Fenêtres. — *i i*. Ventilation du plancher. — *k k k*. Taquets supportant les lambourdes du plancher.

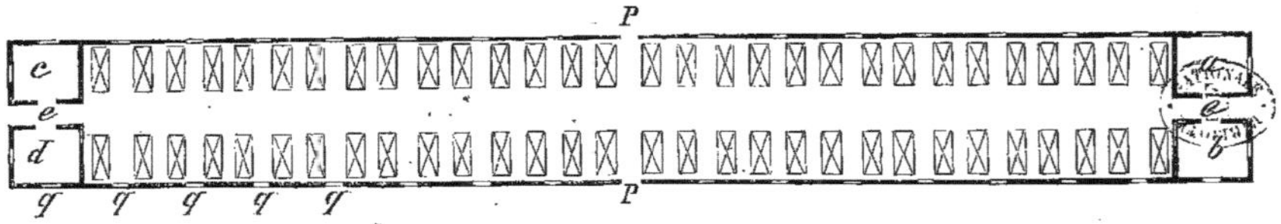

Fig. 23. Plan d'un pavillon de blessés Américains.

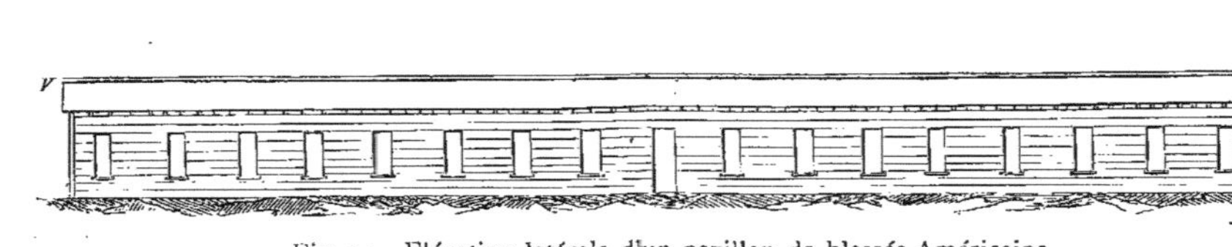

Fig. 21. Elévation latérale d'un pavillon de blessés Américains.

Longueur totale; 187 pieds, largeur, 24. — Petites cabines des angles, 9 pieds sur 11. — Espace libre pour les malades, 165 pieds sur 24. — *a*. Chambre de bains. — *b*. Latrines. — *c*. Chambre des infirmiers. — *d*. Préparation des pansements. — *e e*. Passages. — *p p*. Portes. — *q q q q*. Fenêtres — *v*. Ventilation du toit.

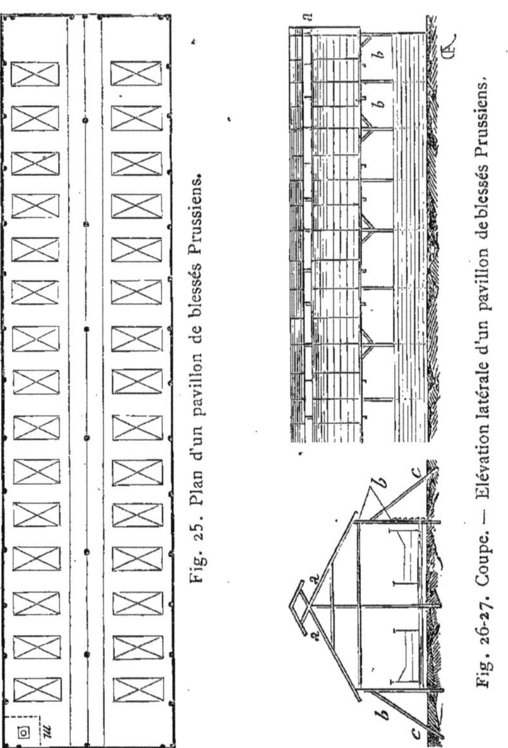

Fig. 25. Plan d'un pavillon de blessés Prussiens.

Fig. 26-27. Coupe. — Elévation latérale d'un pavillon de blessés Prussiens.

Légende explicative. — *a a*. Ventilation du toît. — *b b*. Fenêtres se fermant par des rideaux en toile. — *m*. Chaise percée. — *c c*. Etais arc-boutant les faces latérales.

Tous les murs de cette baraque étaient recouverts de planches clouées en écailles de poissons; seulement la partie supérieure du pan tournée vers le nord était ouverte et munie de marquises en toile, que l'on pouvait relever aux moyen de tringles en fer. Le pignon était entièrement ouvert, et seulement fermé par de grandes portières en toile, comme garantie contre le mauvais temps; tandis que le côté ouest, entièrement fermé en planches, était percé d'une porte. Le toit était recouvert en papier goudronné et avait une ouverture d'un pied et demi, recouverte par un deuxième toit (lanterne).

Sous le plancher se trouvait une couche de crasse de forge; sous chaque lit, on avait mis une bande de toile cirée de six pieds de longueur.

Les frais de cette construction s'élevaient à environ 1 fr. 05 cent. le pied carré, ou environ 75 à 80 francs par lit. L'architecte était d'avis que l'on pourrait encore réduire ce prix si on faisait les murs moins élevés et le toit plus plat.

Cette disposition se recommande surtout par sa grande simplicité, mais elle doit présenter de graves inconvénients pendant les jours froids et pluvieux; on ne devrait, à notre avis, l'adopter que pour un hôpital tout à fait temporaire, analogue à une tente.

Pendant la belle saison, la ventilation dans les pavillons de blessés se fait naturellement par les ouvertures du toit et des faces latérales ménagées à cet effet; pendant l'hiver les ouvertures *aa* de la lanterne doivent être fermées à cause du froid : alors on active la ventilation au moyen de cheminés en bois *b* dans lesquelles passe le tuyau de fumée des poêles *c*; on peut placer quatre poêles par pavillons, ils doivent être munis

VENTILATION DES PAVILLONS DE BLESSÉS.

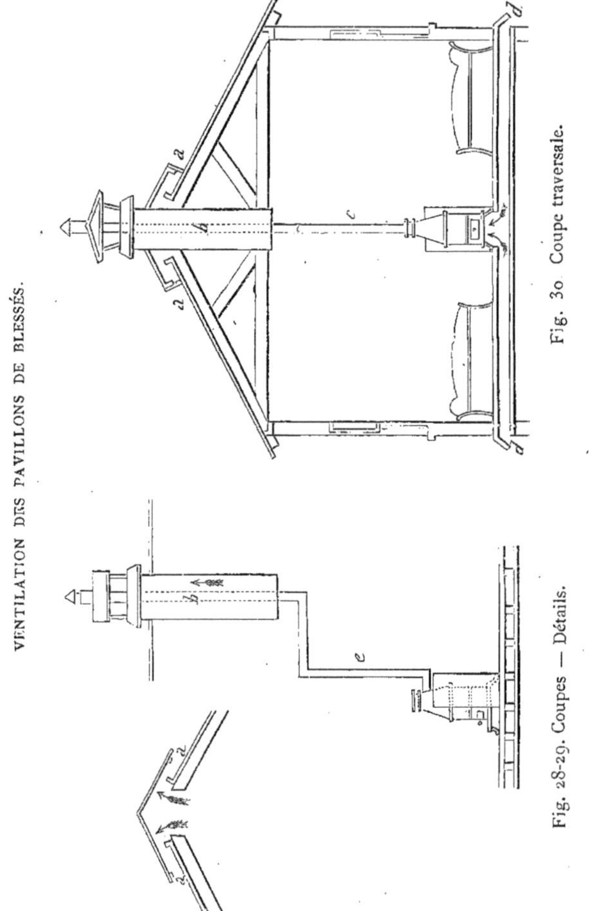

Fig. 28-29. Coupes — Détails.

Fig. 30 Coupe traversale.

chacun d'un écran en tôle ou en zinc. Sous le poêle,

on pratique une conduite *d* qui amène l'air frais dans l'intérieur de la salle. Le poêle sera placé à 4 mètres en avant de la cheminée d'appel et aura un tuyau à deux coudes; cette dernière aura 55 centimètres de côté et devra descendre jusqu'à la hauteur des entraits à la charpente.

Par cette disposition, on comprend que l'air échauffe dans la cheminée d'appel *b*, par le tuyau de poêle *e*, s'en échappera à cause de la diminution de densité qu'il subira, et qu'il sera remplacé par l'air pur entrant par les tuyaux inférieurs *dd*, qui s'échauffera au contact du poêle avant de se répandre dans la salle.

Comme nous l'avons dit, deux des pavillons de blessés de l'hôpital de Metz avaient été plus confortablement établis que les autres ; l'un était destiné aux officiers, l'autre aux amputés et aux grands blessés.

Les parois latérales de celui des officiers avaient été rhabillées au moyen de planches posées à plats joints. Sur ces planches, et sans contre-latte, un inventeur de Rouen qui nous avait été adressé par l'administration militaire avait enduit les deux faces au moyen d'une matière qu'il nommait *Plastique*, ayant l'apparence d'une tourbe argileuse dans laquelle on aurait mis comme bourre du foin haché. Cet enduit se faisait très-rapidement et possédait des avantages incontestables, mais qui, à notre avis, étaient compensés par des inconvénients dont le plus sérieux était son prix élevé, environ 1 fr. par mètre carré, et pour les deux faces 2 fr. par mètre, ce qui porte le prix total à 3 fr. 10 c. environ pour les murs latéraux ; tandis que le rhabillage en planches en écailles de poissons ne coûtait que 1 fr. 20 c. et 0 fr. 75 c. pour enduit en plâtre gris, y compris le lattis, soit 1 fr. 95 c. Un autre inconvénient est que cette matière répand une odeur de marais insupportable lorsqu'elle est humide, soit qu'elle vienne d'être posée, ou bien encore qu'elle ait été mouillée de nouveau par l'eau de pluie.

Après l'expérience que nous avons faite, nous ne pouvons en conseiller l'emploi, et pour notre compte nous préférons le plâtre gris, appliqué comme nous l'avons dit au chapitre *Construction*.

Le pavillon était du reste semblable aux autres ; sur chaque ferme, pour séparer les officiers, nous avions fait des cloisons interrompues au milieu, de manière à réserver un passage longitudinal de deux mètres ; en sorte que le pavillon était divisé en 11 compartiments communiquant entre eux, et, dans l'axe, par des portes de 2 mètres de largeur. Chacun de ces compartiments contenait quatre lits.

Le pavillon des blessés et des amputés était en tout semblable aux autres ; seulement, à l'intérieur, nous avions fait une double paroi en planches posées à plats joints sur laquelle on avait cloué du fort papier d'emballage en rouleau. Le prix de revient n'était pas très-élevé et le résultat a été très-satisfaisant.

Pour l'hiver, on pourrait, pour empêcher la déperdition du calorique, introduire de la paille entre les deux cloisons en planches. Le docteur Hamilton, dans son *Traité d'hygiène et de chirurgie militaires*, dit : « Il est encore préférable de donner aux blessés de l'air pur et froid que de l'air chaud vicié, et l'on peut chauffer les pavillons au moyen de trois ou quatre petits poëles américains à coke, mais à la condition d'employer la chaleur de ces poêles à activer la ventilation intérieure.

Voici une disposition de ventilation qui a été employée dans la forteresse de Minden (Prusse) pour la construction de baraquements destinés aux malades des prisonniers français retenus dans cette localité. Nous devons ces dessins à l'obligeance de M. le docteur Adolphe Creite, qui fut attaché à cet établissement en qualité de médecin traitant. Ces dessins sont la reproduction exacte de ceux qui ont été dressés par M. le capitaine du génie Heydefuss, qui était chargé de cette construction.

Ces baraquements se font aussi remarquer par le mode de construction que l'on a employé ; ils sont formés de deux pans de couvertures descendant jusqu'au niveau du plancher, en sorte que la forme générale du baraquement est celle d'un grand prisme reposant sur l'une de ses faces. A l'arête supérieure on a ménagé une ouverture longitudinale en forme de lanterne ; elle communique avec l'intérieur de la salle par quatre ouvertures qui se ferment au moyen de volets tournants sur un axe. De petites fenêtres pratiquées dans les faces inclinées éclairent l'intérieur de la salle.

Deux cabinets sont réservés à l'une des extrémités

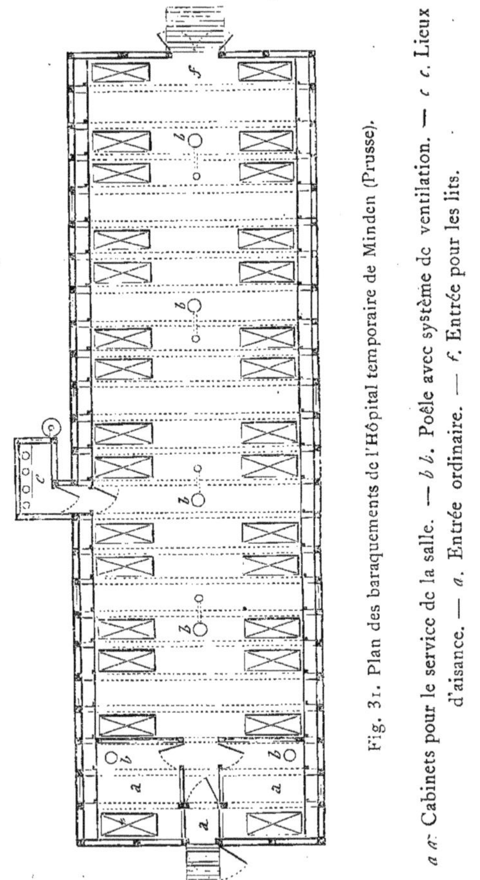

Fig. 31. Plan des baraquements de l'Hôpital temporaire de Minden (Prusse).

a a. Cabinets pour le service de la salle. — *b b*. Poêle avec système de ventilation. — *c c*. Lieux d'aisance. — *a*. Entrée ordinaire. — *f*. Entrée pour les lits.

et sont destinés à la sœur, aux infirmiers et aux services intérieurs de la salle.

Des cabinets d'aisances, rejetés au dehors, communiquent avec l'intérieur au moyen d'un couloir fermé par des doubles portes ; comme dans tous les baraquements, le plancher est surélevé au-dessus du sol, mais il est double, et sert à activer la ventilation par la partie inférieure.

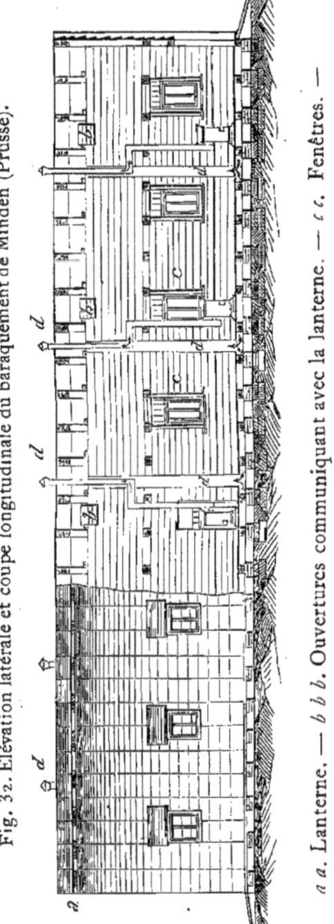

Fig. 32. Elévation latérale et coupe longitudinale du baraquement de Minden (Prusse).

a a. Lanterne. — *b b b.* Ouvertures communiquant avec la lanterne. — *c c.* Fenêtres. — *d d.* Tuyaux de ventilation, cheminées d'appel.

Les parois sont également doubles ; à l'extérieur, les planches sont posées à plats joints et recouvertes de carton bitumé ; à l'intérieur, elles sont posées en écailles de poissons.

Par les plus grands froids de — 18° Réaumur, jamais la température de l'intérieur ne s'est abaissée au-dessous de + 10°.

L'ambulance entière se composait de 14 baraques de différentes grandeurs et d'une chapelle, disposées côte-à-côte sur deux rangs.

— Cinq de ces bâtiments ont été brûlés par accident, mais il n'y a pas eu de victimes. — Les baraques contenaient de 25 à 30 lits chacune.

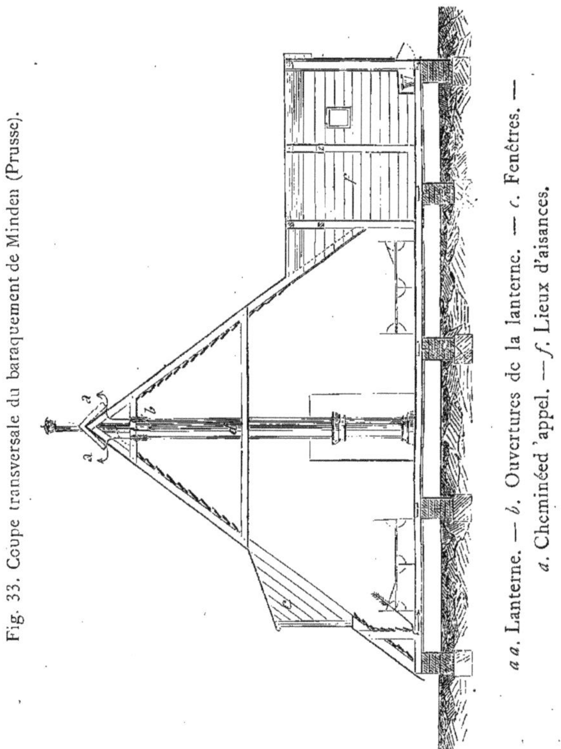

Fig. 33. Coupe transversale du baraquement de Minden (Prusse).

a a. Lanterne. — *b.* Ouvertures de la lanterne. — *c.* Fenêtres. — *d.* Cheminéed 'appel. — *f.* Lieux d'aisances.

Ventilation. — Sur tout le pourtour des baraques de Minden on avait réservé une rainure de 2 cent. environ au niveau du plancher. Cette ouverture communiquait avec l'espace restant libre entre le double plancher;

cet espace communiquait lui-même avec des cheminées d'appel en tôle, se débouchant dans la partie supérieure de la couverture. Dans les cheminés d'appel on avait fait passer les tuyaux-poêles dont la chaleur provoquait une forte aspiration vers la porte supérieure et rejetait au-dehors l'air vicié de la salle. Cette ingénieuse disposition a donné d'excellents résultats.

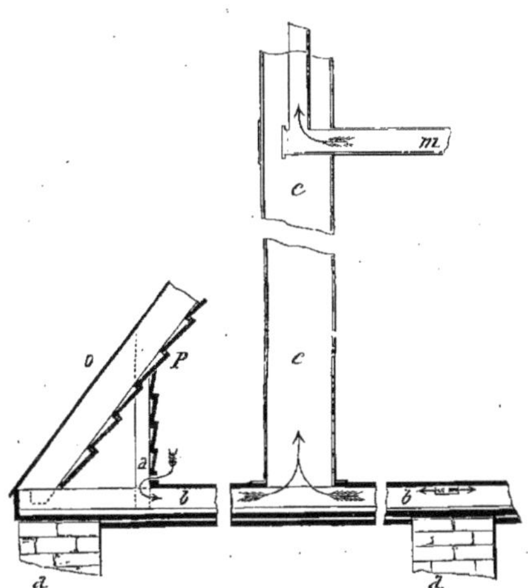

Fig. 34. Détail du mode de ventilation appliqué aux baraquements de Minden (Prusse).

a. Ouverture par laquelle s'échappe l'air vicié de la salle. — *b*. Vide réservé entre les doubles planchers. — *c*. Cheminée d'appel. — *m*. Tuyau de cheminée. — *o*. Couverture. — *p*. Revêtement intérieur en écailles de poissons. — *r*. Dés en maçonnerie.

Voici les modifications apportées au système américain, en Prusse, à cause des différences de climat.

Chaque pavillon est isolé et surélevé au-dessus du sol, — leur hauteur est de 4^m, 40. — Par malade on compte 30 mètres cubes d'air; — chaque pavillon contient 36 lits; la couverture est en papier goudronné.

Fig. 35. Elévation des baraquements prussiens.

Les latrines sont rejetées au-dehors et reliées avec les salles, au moyen d'un couloir couvert. — Au centre du pavillon et dans ses axes se trouve le fourneau de cuisine, en face de la porte d'entrée; à chaque extré-

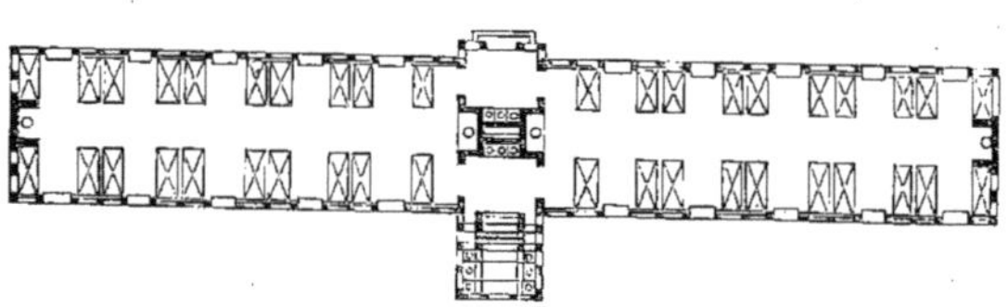

Fig. 36. Plan des baraquements prussiens.

mité sont posés des poêles avec cheminées d'appel qui concourent, par une disposition spéciale avec le foyer de la cuisine, au chauffage et à la ventilation de la salle et des lieux d'aisances.

Il est inutile de dire que cette disposition est vicieuse, que le docteur Fischer la critique vivement, et que le système américain est de beaucoup préférable. Il ajoute : « Les baraques décrites par Brinkmann, copiées scrupuleusement sur le système américain, sont en rapport avec notre climat en les améliorant quelque peu. Ces baraques représentent une salle de malades, de 34 mètres de longueur sur 7 mètres 80 de largeur et 4 mètres de hauteur. Aux deux extrémités et au milieu sont des portes mobiles, remplacées, en été, par des portières en étoffe.

» Lorsque l'on a séparé les cabines nécessaires au service, comme dans le système américain, il reste de la place pour 28 lits et pour chaque malade environ 30 mètres cubes d'air. — La ventilation se fait, comme nous l'avons déjà dit, et au moyen de vasistas placés dans les portes et dans les fenêtres.

» Un pavillon ainsi construit coûtera de 6,500 à 6,700 fr., soit environ 230 à 240 fr. par lit.

» Il serait préférable de rejeter les lieux d'aisances à l'extérieur des salles, et de les relier avec celles-ci au moyen d'un passage clos et couvert.

» Nous ne pouvons que recommander les baraques : en été elles ont tous les avantages des tentes, il y fait moins chaud et la ventilation s'y effectue mieux; elles garantissent mieux les malades contre le mauvais temps, et on peut les construire en un mois ou six semaines, c'est ordinairement le temps nécessaire aux préparatifs d'une guerre. »

Il est très-important d'avoir de l'eau en abondance sur l'emplacement choisi pour y établir un baraquement, non-seulement pour le service de l'établissement, mais aussi pour les secours contre l'incendie, dont nous avons eu un triste exemple à Minden, le 27 février 1871.

Dans quelques baraquements américains, les toitures étaient fermées de panneaux mobiles, que l'on enlevait pendant le beau temps, en sorte que les malades étaient en plein air et abrités du vent. — Dans un hôpital d'une certaine importance, on pourrait contruire quelques pavillons à couvertures mobiles pour y placer les blessés qui ne pourraient quitter le lit. On comprend que cette disposition ne peut être appliquée que dans les baraquements d'été. — Les tentes mixtes adoptées par les Prussiens peuvent remplacer avantageusement les pavillons de blessés à couvertures mobiles, en relevant, à la partie inférieure, la toile formant la toiture.

IX

2° *Entrée.*

Afin d'éviter les abus de toutes sortes qui peuvent se produire dans un établissement renfermant des milliers d'individus, les hôpitaux temporaires doivent être entièrement clos et sur tout leur périmètre par une palissade d'au moins deux mètres de hauteur, dans laquelle sera pratiquée l'entrée principale, que l'on devra placer sur un chemin carrossable et dont on rendra les abords faciles. Elle doit être unique afin de pouvoir surveiller toutes les personnes qui entrent ou qui sortent de l'établissement.

Au Polygone de Metz, elle était ouverte dans un bâtiment renfermant une partie de l'administration, et formait une espèce de porche couvert, d'une grande utilité, pour abriter les soldats qui attendaient leurs billets d'entrée ou de sortie.

Poste de sûreté. — Le poste pour la garde doit être

situé près de l'entrée principale ; il doit avoir 7 mètres de longueur sur 4 mètres de largeur. Le lit de camp sera surélevé au-dessus du sol de 50 centimètres aux pieds et de 65 centimètres à la tête. Il sera éclairé par des fenêtres sur toutes les faces, afin de faciliter la surveillance.

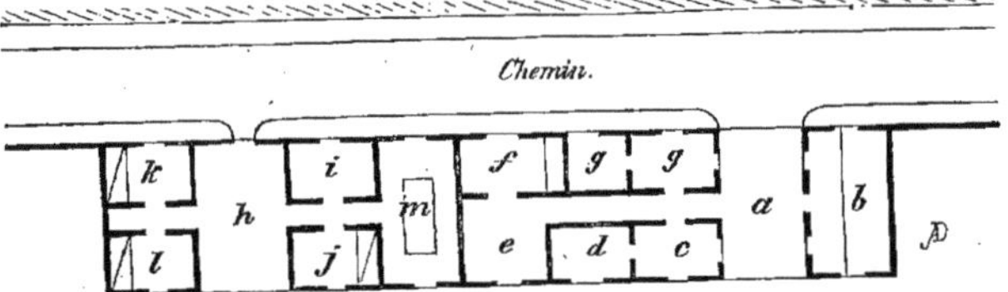

Echelle de 0,002 *millim. par mètre.*

Fig. 37. Bâtiment d'administration à placer près de l'entrée principale.

a. Entrée principale couverte. — *b*. Poste de sûreté. — *c*. Bureau des entrées et des sorties. — *d*. Bureau de consignation des valeurs. — *e*. Dépôt d'effets. — *f*. Dépôt d'armes. — *g g*. Concierge. — *h*. Porche couvert. — *i*. Cabinet du médecin en chef. — *j*. Chambre du médecin de garde. — *k*. Infirmier en chef. — *l*. Aumonier. *m*. Salle de réunion des médecins.

La longueur de l'entrée principale, dans la partie couverte formant porche, était d'une travée, soit 4 mètres sur 7 mètres de longueur.

Ordinairement la garde est composée de 10 à 12 hommes commandés par un sergent, pour lequel on pourra construire, dans un angle, une petite cabine prise sur le poste, au moyen de deux cloisons.

Il est nécessaire de construire des guérites pour les

factionnaires placés sur le périmètre extérieur de la clôture et près de l'entrée.

Inutile d'ajouter que, pour diminuer le développement de la clôture d'enceinte, on cherchera à utiliser toutes les faces des bâtiments formant la ligne extérieure de l'hôpital.

Concierge. — Le concierge doit aussi être logé près de l'entrée principale ; la loge proprement dite aura 3 mètres de largeur sur 4 mètres de longueur. Elle doit prendre vue sur la face extérieure et sur le porche d'entrée. Une deuxième chambre en tout semblable et contiguë lui servira de chambre à coucher.

En hiver, le chauffage se fera au moyen de poêles.

X

3° Administration de l'État civil.

L'administration d'un hôpital militaire comprend deux services bien distincts, et que nous croyons pouvoir séparer :

Le premier s'occupe des entrées et des sorties des malades, de la délivrance des billets d'hôpitaux, et en général des intérêts privés du soldat : c'est pourquoi nous lui donnerons le nom d'*Administration de l'État civil ;*

Le deuxième se réserve la régie de tout l'hôpital et comprend surtout l'économat ; nous le nommerons : *Administration de l'Établissement.*

L'Administration de l'Etat civil comprend :

1° Un bureau d'entrée et de sortie, situé près de l'entrée principale. Il sera formé de deux pièces ayant chacune $2^{m},50$ sur 4 mètres, dont l'une d'elles aura un guichet s'ouvrant sur le porche d'entrée pour inscrire les admissions et les sorties. Ces bureaux seront meublés au moyen de deux tables et de six chaises; on disposera quelques rayons sur les murs pour y déposer les papiers et les cartons.

2° Un bureau de consignation pour les valeurs.

Pendant une dizaine de jours, à peu près, alors que, débordé par tant de soins, on n'avait pu s'inquiéter qu'isolément des dépôts d'argent faits par les malades, ces dépôts consistaient presque uniquement dans des objets sans valeur, des médailles militaires, des lettres, etc. Du jour où ce service fut organisé, l'argent devint abondant, et le chiffre des consignations dépassa promptement 10,000 francs. Sous prétexte de donner des soins aux blessés, on avait vu autour d'eux bien des figures suspectes qui n'avaient plus reparu ensuite. Des rôdeurs infâmes, pénétrant dans un local ouvert de tous côtés, avaient profité du tumulte pour dépouiller les cadavres, pour voler les blessés eux-mêmes.

Nous avons cru devoir rappeler ce passage, extrait du « Blocus de Metz », afin de montrer l'utilité de ce service, qui n'occupe qu'une seule pièce de 4 mètres sur 2m,50, renfermant un coffre-fort pour y déposer les valeurs, un bureau et quelques chaises.

3° Un vestiaire des malades, composé d'un petit bureau de 2m,50 sur 4 mètres et d'une pièce contiguë de 4 mètres sur 4 mètres, servant de magasin pour y déposer les effets appartenant aux malades.

4° Un magasin de dépôt de vêtements et autres objets ayant appartenu aux décédés.

Lorsque l'un des malades meurt, on transporte tout ce qui lui appartient personnellement dans un magasin de 3m, 50 sur 4 mètres, en ayant soin de mettre sur le paquet une étiquette portant le nom et le numéro matricule, afin de pouvoir le restituer ensuite à la famille.

5° **Un magasin de sacs** de 4 mètres sur 6 mètres, dans lequel on construira des rayons contre les murs et dans le milieu de 50 centimètres de profondeur et de 45 centimètres de hauteur, que l'on aura soin de numéroter.

6° **Un magasin d'armes** de 4 mètres sur 6 mètres, dans lequel on déposera l'armement et l'équipement des soldats entrant à l'hôpital. Sur l'une des faces ou dans le milieu, on construira un ratelier pour déposer les fusils.

XI

4° *Administration de l'Établissement.*

Le bâtiment renfermant l'Administration proprement dite se composera :

1° D'un logement pour l'administrateur en chef ou de l'officier d'administration, qu'il est très-important de voir habiter l'établissement afin de pouvoir exercer la surveillance la plus active à toutes les heures du jour et de la nuit. Il se composera de quatre ou cinq pièces que l'on disposera aussi confortablement que possible en les tapissant et en les plafonnant. La surface occupée sera de trois ou quatre travées de 4 mètres sur 7 mètres.

Dans les établissements américains, où presque tous les employés étaient logés, le bâtiment renfermant l'administration avait un rez-de-chaussée où se trouvaient tous les bureaux, et un premier étage consacré exclusivement aux logements. Ce bâtiment, dans le plan triangulaire, occupait le sommet de l'angle; dans les plans circulaires, il occupait l'un des rayons en remplacement d'un pavillon de blessés.

Le bâtiment d'administration devra être aussi rapproché que possible de la cuisine, où l'on doit surtout exercer une grande surveillance, et être placé au centre de l'établissement, de manière à avoir, autant que faire se peut, une vue directe sur chaque service.

Voici, du reste, ce que rapporte M. Emile Michel, l'un des administrateurs de l'hôpital du Polygone, à Metz : « Le matériel de l'établissement, les vivres, les » couvertures, disparaissaient. Une surveillance plus » active amena avec le temps des épurations for- » cées dans le personnel; mais quelquefois aussi il » fallait fermer les yeux sur des désordres manifestes, » pour ne pas se priver d'agents qui étaient néces- » saires, et dont, malgré leurs fautes, on était obligé » de se contenter. »

2° **Un bureau pour les comptables,** composé d'une ou deux pièces, dont l'une avec guichet à grillage, occupant une ou deux travées de 4 mètres sur 7 mètres.

3° **Un bureau de caissier** avec guichet à grillage, pour la paie des employés attachés à l'hôpital et des fournisseurs. Ce guichet s'ouvrira sous un auvent ou sous une première pièce qui servira de salle d'attente.

On fera, à proximité, un logement composé de trois ou quatre pièces pour le caissier et sa famille.

XII

5° Logements et Réfectoires des sœurs et infirmiers.

Le logement des sœurs se composera :

1° D'un dortoir tapissé et plafonné, disposé aussi confortablement que le provisoire de l'établissement le permettra. Les fenêtres éclairant ce local devront être élevées au-dessus du sol de 1m,80 environ;

2° D'une chambre pour la supérieure, construite comme le dortoir.

Le réfectoire des sœurs pourra être placé à proximité de leur logement, et sera proportionné comme dimensions au nombre d'habitants.

Quant au logement des infirmiers, il ne serait nécessaire que dans le cas où l'établissement serait fort éloigné d'un grand centre de population, ce qui sera toujours le cas exceptionnel.

L'un des pavillons destinés aux blessés peut être affecté à cet usage.

Ces divers logements, destinés à des personnes qui doivent passer tout leur temps en contact avec les malades, devront, autant que possible, être établis en dehors de l'établissement afin d'éloigner leurs habitants de l'air vicié de l'hôpital pendant les heures de repos.

On compte ordinairement un infirmier pour dix malades, soit 200 pour un hôpital de 2,000 blessés. A l'ambulance du Polygone, à Metz, le service de chaque salle de 50 blessés était fait par quatre infirmiers, deux de jour et deux de nuit; une sœur pour deux pavillons, soit 100 lits, et une dame qui tenait le cahier de visite.

XIII

6° *Cuisine.*

La *Cuisine* proprement dite est l'une des parties essentielles de l'hôpital temporaire et des plus difficiles à bien disposer pour la commodité du service. Elle doit être placée au centre de l'établissement, et on ne doit pas lui ménager la place ainsi qu'à ses dépendances.

Quelle que soit l'importance de l'hôpital, il est préférable de n'en avoir qu'une seule pour tout l'établissement. Pour 2,000 malades, une cuisine de 7 mètres de largeur sur 12 mètres de longueur est suffisante. D'un côté, on construira trois chaudières de 800 litres chacune pour le potage, et trois autres plus petites pour les autres mets. Les fourneaux seront en briques et maçonnés en terre réfractaire. Sur le côté opposé, on disposera sur toute la longueur une table de 80 centimètres de largeur, élevée d'un mètre au-dessus du sol.

Au centre, on placera une ou plusieurs cuisinières

en fonte d'un grand modèle pour la cuisine plus délicate. Dans un angle contigu à la laverie, on mettra un bouilleur à eau chaude, qui fournira de l'eau dans la laverie.

La *Laverie* aura 4 mètres sur 7. Sur tout son pourtour, on disposera des tables semblables à celles de la cuisine et des étagères à égoutter les assiettes. Au centre, un large évier en zinc sera placé pour laver la vaisselle.

Au Polygone de Metz, en avant de la cuisine, nous avons fait construire un auvent de 7 mètres de longueur sur 4 mètres de largeur, qui a rendu de grands services.

Le *Dépôt de chauffage*, bois et houille, doit être à proximité de la cuisine; mais il n'est pas nécessaire qu'il soit bien grand, puisque les provisions de combustible se renouvellent tous les jours ou tous les deux jours. Un simple hangard, sans être fermé, convient parfaitement. Pour cela, une surface de 7 mètres sur 4 est plus que suffisante, puisque la houille pourrait sans inconvénient se déposer à l'extérieur.

La *Dépense* est une grande pièce de 6 mètres de largeur sur dix mètres de longueur, où l'on prépare les portions; de grandes tables disposées sur trois rangs, deux aux parois latérales et une dans le milieu, occupent toute la longueur.

Un autre baraquement de 6 mètres de largeur sur 20 mètres de longueur, en un ou deux pavillons, doit contenir :

1° La *Boucherie* (6 m. sur 10 m.), fermée à claire-voie, ou mieux encore avec des chassis garnis de toile métallique ou de canevas, aux fenêtres. Sur les faces latérales seront disposées de longues tables; au centre, les blocs et les dressoirs pour le dépéçage de la viande;

2° La *Paneterie* occupe 6 mètres sur 6 mètres. Sur les faces latérales seront disposés des rayons en lattes à claire-voie pour recevoir le pain; au centre, une grande table pour les paniers et les couteaux à charnières.

3° Le *Dépôt de légumes* et d'autres provisions de bouche occupera 6 mètres sur 8 mètres, et sera divisé en compartiments.

4° La *Lampisterie* occupera une demi-travée, c'est-à-dire 2 mètres sur 6, et servira de dépôt d'huile ou de pétrole, et en général à tout le matériel d'éclairage.

5° Une *Cave* sera pratiquée au-dessous du niveau du sol si le niveau d'eau le permet; elle sera maçonnée ou seulement boisée. Elle devra avoir 6 mètres sur 4, avec descente facile pour y entrer le vin et l'huile en fût.

Souvent, aux heures de repos, la cuisine est envahie par les convalescents ou par les gens de service. Pour obvier à ce grave inconvénient, nous proposerons la disposition figurée ci-contre, qui donne une cour intérieure et spéciale à la cuisine; ce qui facilitera le service. Complétement fermée, soit par les dépendances, soit par une clôture, cette cour n'a qu'une seule porte dont on pourra facilement consigner l'entrée aux gens qui ne seront pas employés à la cuisine.

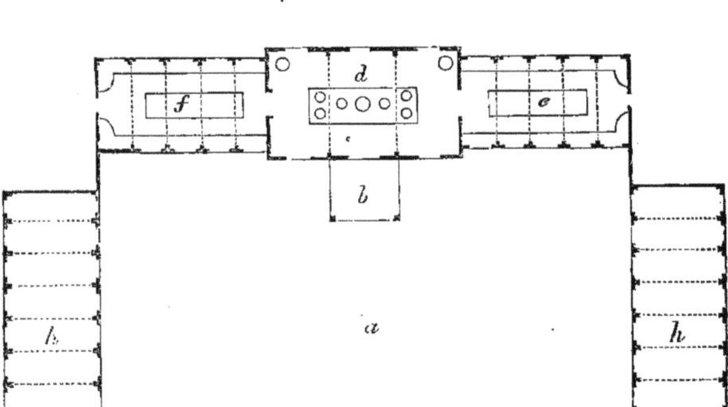

Echelle de 0,002 millim. par mètre.

Fig. 38. Plan de cuisine pour un hôpital de 2,000 malades.

Légende explicative. — *a.* Cour intérieure. — *b.* Porche couvert. — *d.* Cuisine principale. — *e.* Laverie. — *f.* Dépense. — *g.* Hangard pour le chauffage. — *h h.* Magasins divers pouvant être divisés suivant les besoins.

Nous donnons ci-contre le plan à grande échelle de la cuisine de l'hôpital de Sedgwick. Proposée comme type par les ouvrages américains, elle se fait remarquer par le luxe de confortable que nous avons

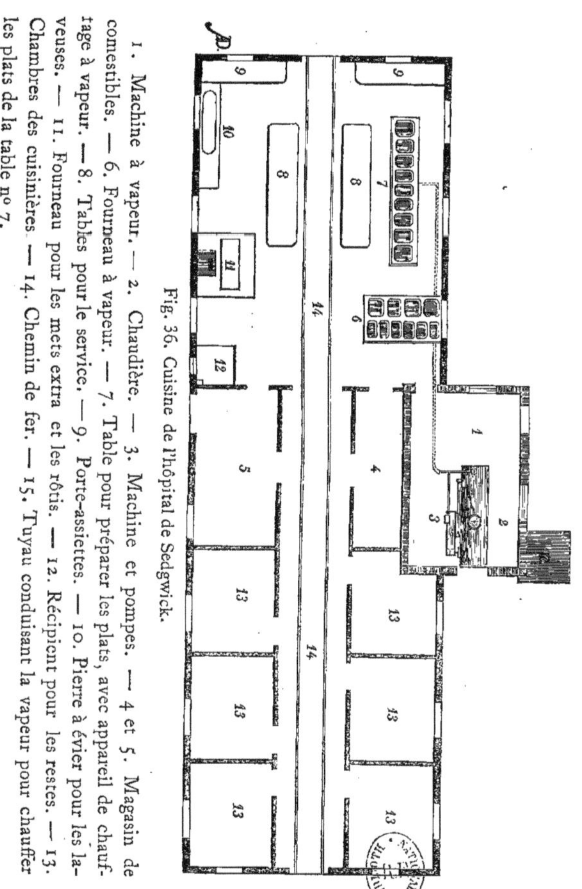

Fig. 36. Cuisine de l'hôpital de Sedgwick.

1. Machine à vapeur. — 2. Chaudière. — 3. Machine et pompes. — 4 et 5. Magasin de comestibles. — 6. Fourneau à vapeur. — 7. Table pour préparer les plats, avec appareil de chauffage à vapeur. — 8. Tables pour le service. — 9. Porte-assiettes. — 10. Pierre à évier pour les laveuses. — 11. Fourneau pour les mets extra et les rôtis. — 12. Récipient pour les restes. — 13. Chambres des cuisinières. — 14. Chemin de fer. — 15. Tuyau conduisant la vapeur pour chauffer les plats de la table n° 7.

signalé plusieurs fois dans toutes les parties qui composent ces hôpitaux.

XIV

7° *Pharmacie.*

Le bâtiment de la pharmacie se composera de six travées de 4 mètres sur 7 mètres de largeur.

La *Tisanerie* occupera les deux du milieu ; sur celles-ci on réservera une lanterne pour former un courant d'air destiné à entraîner la vapeur qui s'échappe des chaudières. Au centre, on placera le fourneau pour la préparation des tisanes, cataplasmes, etc. Sur tout le pourtour, régnera une table de $0^m,70$ de largeur sur 1 mètre d'élévation au-dessus du sol. L'eau sera amenée sur un évier en zinc pour le lavage.

La *Pharmacie* proprement dite ou dépôt des médicaments occupera deux travées ; sur tout le pourtour, il existera une table, comme dans la tisanerie, au-dessus de laquelle on disposera des rayons pour placer les bocaux, flacons, etc. Au centre, une table solidement fixée au sol supportera les balances; cette partie devra avoir un plancher.

Les deux autres travées seront affectées : la première près de la tisanerie, à un magasin pour les médicaments encombrants ou volumineux, pour les appareils chirurgicaux en bois ou en fil de fer, le moulin à farine de lin, etc.

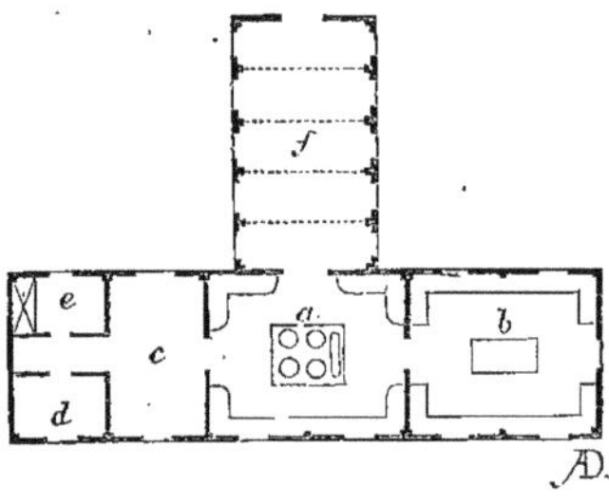

Echelle de 0,002 *millim. par mètre.*

Fig. 40. Plan de la pharmacie et de ses dépendances.

Légende explicative. — *a.* Tisanerie. — *b.* Pharmacie proprement dite. — *c.* Laboratoire. — *d.* Cabinet du pharmacien en chef. — *e.* Chambre du pharmacien de garde. — *f.* Magasins des médicaments.

La dernière travée sera divisée en deux chambres de 3 mètres sur 4, avec passage au milieu de 1 mètre de largeur. L'une sera affectée au cabinet du pharmacien en chef; la deuxième à la chambre du pharmacien de garde. Ces deux pièces seront tapissées et plafonnées.

La pharmacie doit être, autant que possible, placée au centre de l'établissement.

Perpendiculairement à ce bâtiment et dans l'axe, on pourra placer les magasins généraux des drogues. Ils seront construits au moyen de petites fermes de six mètres de portée et se composeront de cinq travées de deux mètres. Dans une partie, on disposera contre les murs des rayons et une table à hauteur d'appui de un mètre de largeur, et au centre une autre table de $1^m,20$ de largeur sur cinq mètres de longueur. On pourra, du reste, agrandir ces magasins suivant les besoins, en y ajoutant une ou plusieurs travées de deux mètres.

XV

8° Service Médical.

On construira dans une partie du bâtiment d'administration le service du médecin en chef, composé :

1° De son cabinet tapissé et plafonné, ayant 2^{m},50 sur 4 mètres, meublé d'un bureau, de quelques chaises, et d'une armoire pour renfermer les instruments, les livres et les papiers ;

2° Un cabinet semblable pour le médecin de garde, contenant un lit, quelques chaises et une toilette ;

3° Une pièce de 4 mètres sur 7 pour servir de salle de réunion aux médecins, meublée d'une grande table au centre, avec un nombre de siéges suffisants.

On pourra chercher à rapprocher ce service de la salle d'opération. On compte au minimum un médecin traitant pour 100 à 150 blessés ou pour 200 à 250 malades.

4° **Une salle d'opération** pour 1,000 blessés nous a paru suffisante. Elle doit être placée à proximité des salles qu'elle doit desservir; elle doit être isolée de toutes parts, largement éclairée par une grande fenêtre pratiquée sur la face qui regarde le Nord. Quelques médecins préfèrent le jour venant par le haut, à cause de la lumière plus franche qu'il donne, et parce que l'on évite ainsi les regards curieux des gens de service; dans l'autre cas on évite également cet inconvénient en blanchissant les vîtres de la fenêtre jusqu'à hauteur d'homme.

Cette salle doit avoir 6 mètres sur 4. Au centre, et bien en lumière, on disposera une table de $0^{m},60$ centimètres de largeur, de 2 mètres de longueur, et élevée au-dessus du plancher de $0^{m},70$ centimètres. — Cette table doit être très-stable et solidement brochée sur le plancher. Le plateau de cette table est formé de madriers de sapin de $0^{m},08$ centimètres d'épaisseur solidement cloués sur les pieds. Des rayons et une armoire doivent être disposés dans l'angle nord-ouest, à portée de la main de l'opérateur. Le plancher sera recouvert de sciure de bois ou de son que l'on changera après chaque opération.

XVI

9° *Lingerie.*

Voici comment M. Emile Michel s'exprime dans « le Blocus de Metz » au sujet de la lingerie :

« La lingerie était à peu près le seul endroit périlleux du Polygone; pour la garantir entièrement des gouttières, il avait bien fallu la clore plus hermétiquement que les autres constructions. Les linges rendus imparfaitement lessivés et incomplètement secs, malgré toutes les recommandations faites à cet égard, y entretenaient une atmosphère moite et insalubre, et que les courants d'air, établis toutes les fois que le temps le permettait, étaient impuissants à renouveler. Plusieurs employés, des ouvrières, la sœur chargée de la surveillance, y contractèrent successivement des maladies. Un jeune homme attaché à ce service succomba victime de son assiduité à ce poste dangereux.

» Les mêmes tristes résultats se produisirent d'ailleurs

dans plusieurs autres ambulances de Metz, et l'on eut généralement à y déplorer la maladie ou la mort de personnes préposées à un service qui, étant moins en vue, semblait à l'abri de tout péril. »

Au moment de notre construction, nous ignorions complètement l'existence de ce danger qui ne nous avait été signalé ni par les ouvrages que nous avions entre les mains ni par les médecins. Aussi, croyons-nous qu'il est de notre devoir de reproduire les observations de M. Emile Michel, afin de mettre en garde les constructeurs contre une erreur qui peut, comme nous l'avons vu, provoquer des malheurs irréparables.

Dans ces conditions, nous conseillerons d'orienter les bâtiments de la lingerie de l'est à l'ouest, de manière à pouvoir, en évitant le vent de la pluie sur les faces latérales, les percer de nombreuses ouvertures fermées au moyen de persiennes.

La lingerie comprend :

1° — 2° Un magasin pour le linge de lits et de corps, ayant 6 mètres de largeur sur 12 mètres de longueur.

Au centre de cette pièce, sera placée une table de 1 mètre de largeur divisée en deux parties de 4 mètres chacune de longueur. Sur tout le pourtour, depuis le sol jusqu'à une hauteur de $2^{m},50$, on devra établir des rayons adossés aux parois extérieures et espacés entre eux de $0^{m},30$ à $0^{m},40$ centimètres; dont moitié de $0^{m},30$ de profondeur, et l'autre moitié placée à la partie inférieure de $0^{m},45$ de profondeur. Le sol devra être recouvert d'un plancher surélevé au-dessus du sol, comme ceux des pavillons des blessés. Ce magasin sera éclairé par des fenêtres percées sur les faces latérales au-dessus des rayons et abritées par la saillie de la couverture.

3° **Un magasin pour le linge à pansements** de mêmes dimensions que le précédent, construit de la même manière, et ayant à peu près la même disposition intérieure ; seulement les rayons devront être plus rapprochés et moins profonds. A hauteur d'appui et sur tout le pourtour, règnera une table de 1 mètre de saillie.

4° **Un ouvroir** destiné aux ouvrières occupées au raccommodage du linge. Il devra avoir pour 2,000 blessés 10 mètres de longueur sur 6 mètres de largeur et sera largement éclairé sur ses deux faces latérales ; sur tout le pourtour, on disposera une table de $0^{m},70$ de largeur à 1^{m} de hauteur à partir du sol, ainsi que quelques rayons au-dessus. Cette pièce, qui sera habitée constamment, devra également être largement aérée.

On compte ordinairement une ouvrière pour 300 blessés.

5° **Une chambre pour la directrice de la lingerie.**

Cette chambre aura 6 mètres sur 4, et sera placée entre l'ouvroir et les magasins, sur lesquels elle aura de petites fenêtres destinées à faciliter la surveillance.

L'ensemble de ce service peut être sans inconvénient reporté en dehors de l'hôpital.

6° Un magasin à linge sale. Ce magasin sera rejeté en dehors de l'établissement et dans un endroit assez éloigné pour empêcher les émanations qui s'en échappent de se répandre dans le reste de l'établissement. On pourra le construire dans le voisinage de la salle des morts.

7° Une buanderie. Si l'on peut faire blanchir le linge de l'établissement au-dehors, il sera préférable et plus économique d'employer ce moyen; — si l'on est obligé de construire une buanderie, on devra employer comme toujours les procédés les plus simples : les appareils à vapeur, qui exigent une installation trop spéciale et trop coûteuse pour un établissement qui doit durer peu de temps, ne pourront être utilisés.

Lorsque la buanderie est placée dans l'établissement, les bâtiments sont couverts en forme de terrasse en zinc, sur laquelle on place un séchoir à air libre.

A l'hôpital Lincoln on comptait pour 1,200 malades environ 5,000 pièces de linge à laver par jour.

XVII

10° *Bains.*

Au Polygone de Metz nous avions fait des salles de bains spéciales et isolées dans l'intérieur de la cour; elles se composaient chacune d'un pavillon de 10 mètres sur 6 de largeur, divisé d'un côté, au moyen de cloisons, en petites cabines de 2 mètres sur $2^m,50$, fermées du côté intérieur au moyen d'un rideau. — Ces cabines renfermaient chacune une baignoire ordinaire en zinc.

On compte ordinairement une baignoire pour 50 malades.

Des bains de pieds étaient disposés dans le passage formé en avant des cabines.

Dans les baraquements américains, les salles de bains étaient situées à l'extrémité de la salle qu'elles devaient desservir; cette disposition, moins économique, est cependant préférable, puisqu'elle évite aux malades de sortir à l'air au risque de se refroidir en sortant du bain.

Un petit appareil à chauffer l'eau est disposé dans chaque cabine, et permet de préparer à toute heure et en quelques minutes les bains nécessaires. On trouve du reste, dans le commerce, des baignoires qui portent avec elles l'appareil destiné au chauffage de l'eau quelles contiennent.

XVIII

11° Magasins divers.

Des bâtiments seront construits près de ceux occupés par l'administration pour y établir :

Un magasin de mobilier ;

Un magasin d'ustensiles divers;

Enfin un pavillon isolé de toutes parts, afin d'éviter l'incendie, servira de *magasin de paille* pour les lits.

Chacun de ces bâtiments aura 10 à 12 mètres de longueur sur 6 mètres de largeur, ils seront éclairés au moyen de petites fenêtres percées dans les faces latérales : il ne sera pas nécessaire d'y faire un plancher. Suivant les besoins on pourra les agrandir en y ajoutant une ou plusieurs travées.

XIX

12° Secours contre l'incendie.

Dans un établissement totalement construit en bois, on comprend que l'on doit redouter les incendies ; aussi devra-t-on éviter avec soin les vices de construction qui pourraient les provoquer, et cela surtout si l'on fait l'application des appareils de chauffage combinés pour la ventilation.

En Amérique, les dispositions les plus énergiques étaient prises pour combattre le feu, le cas échéant. Des distributions d'eau, des signaux d'alarme étaient placés dans toutes les parties de l'hôpital. Enfin un poste de sapeurs-pompiers veillait jour et nuit et y était attaché exclusivement.

Nous conseillerons de consacrer à ce service important un petit corps de garde pour trois hommes et une petite remise pour enfermer le matériel de secours, qui se compose d'une pompe et de ses accessoires. Deux travées ayant 6 mètres sur 4 mètres seront suffisantes, et on pourra les prendre à l'extrémité de l'un des magasins.

XX

13° Service hydraulique.

Il est inutile d'insister sur l'avantage qu'il y a de pouvoir se procurer dans un hôpital de l'eau potable en abondance; c'est pourquoi ce service doit être largement partagé, et rien ne doit être ménagé pour lui donner toute l'extension possible. Il est si intimement lié à la question d'hygiène et de salubrité, que l'on peut affirmer qu'il occupe une place notable dans le résultat final.

Dans un établissement de moins de 500 lits, la distribution est inutile, et on peut se contenter de un ou deux puits munis chacun d'une bonne pompe. Dans ces conditions, en quelques heures, deux hommes peuvent fournir l'eau nécessaire pour la journée. Mais si l'hôpital a une certaine importance, nous serions d'avis de monter une cuve en bois de 13 à 14 mètres cubes sur une charpente qui l'élèverait de 4 à 5 mètres au-dessus du sol, de manière à distribuer l'eau partout et avec une certaine pression, au moyen d'une conduite en plomb ou en fonte, que l'on pourrait utiliser ensuite après l'évacuation de l'hôpital.

L'eau serait montée soit au moyen d'une pompe rotative mue par quatre hommes, ou mieux encore par un manège ou une petite locomobile de quelques chevaux de force, dont on pourrait utiliser l'eau de condensation pour la cuisine ou les bains.

Cette installation coûterait une certaine somme, mais la dépense serait en grande partie couverte par la vente des matériaux et des appareils.

Le réservoir principal de l'hôpital Lincoln contenait 12,000 gallions d'eau; vingt à vingt-cinq litres d'eau par jour et par personne sont suffisants, même en y comprenant celle nécessaire pour les bains, soit, pour un hôpital de 2,000 lits, 50 mètres cubes par jour; on devra alors établir un réservoir d'une contenance de 15 à 20 mètres cubes. La buanderie aura son alimentation spéciale, l'eau qui lui est nécessaire n'étant pas comprise dans ces évaluations.

Si, dans l'emplacement choisi, on ne pouvait se procurer l'eau potable nécessaire au moyen de puits, on réunirait alors les eaux pluviales dans des citernes, ainsi que cela s'est fait dans quelques hôpitaux américains.

XXI

14° *Chapelle.*

Dans un établissement de quelque importance, il est nécessaire d'avoir une chapelle couverte. Aux États-Unis, la chapelle servait à la fois de bibliothèque et de salle de lecture; peut-être les pays catholiques ne s'accommoderaient-ils pas de cette combinaison. Si l'on ne pouvait faire cette dépense, la chapelle peut être remplacée par un autel en plein air, assez élevé au-dessus du sol, et adossé à l'un des bâtiments de la cour intérieure de l'hôpital. Pendant les beaux jours, la messe dite en plein air ne manque pas d'une certaine solennité; si l'autel est décoré de feuillage et de drapeaux, la cérémonie a peut-être plus de grandeur que dans une pauvre baraque de bois que l'on ne peut souvent orner suffisamment. Les personnes pieuses attachées à l'ambulance compléteront encore ici l'œuvre de l'administration.

Dans l'un des bâtiments d'administration, une petite chambre sera réservée pour l'aumônier de l'hôpital; elle sera tapissée, plafonnée et meublée d'un lit et de quelques chaises.

XXII

15° Chambre des Morts.

La chambre des morts devra être reportée au dehors de l'hôpital, dans un lieu retiré, et autant que possible vers le nord ; elle devra être placée de manière à ne pas être en vue des pavillons de blessés. Elle se composera de deux parties : la première, de 6 mètres sur 6 mètres, aura un lit de camp, pour y déposer les corps, de 2 mètres sur 5 mètres, de manière à réserver sur un côté, à la tête et aux pieds, des passages pour enlever les cadavres.

La deuxième n'aura que 4 mètres sur 6 mètres ; elle sera largement éclairée et aérée vers le nord. Au milieu, on placera une lourde table solidement fixée au sol pour pratiquer les autopsies. Des rayons seront posés à hauteur d'appui le long des murs. Les fenêtres devront être assez élevées au-dessus du sol pour qu'on ne puisse pas voir de l'extérieur ce qui se fait à l'intérieur.

S'il existe des épidémies dans l'ambulance, la salle des morts devra être soigneusement désinfectée chaque jour, afin d'empêcher les émanations miasmatiques de se répandre au dehors; car il ne faut pas oublier que la mort engendre la mort.

XXIII

16° Cabinets de lieux d'aisances.

Les déjections de toutes natures qui viennent s'accumuler dans les fosses d'aisances d'un hôpital sont des foyers d'infection tellement violent, que l'on ne saurait prendre trop de précautions pour en paralyser les effets. Si, d'un autre côté, on a pu s'assurer par soi-même des difficultés que l'on rencontre à tous les instants pour maintenir ces lieux en état permanent de propreté, le lecteur comprendra pourquoi, mettant toute espèce de répugnance de côté, nous avons cru devoir consacrer un chapitre spécial pour traiter de la construction des cabinets d'aisances.

Lorsque l'on peut disposer d'une grande quantité d'eau, il est préférable d'employer le système diviseur ; on peut faire alors aboutir les fosses des lieux dans un égoût collecteur se déversant dans une rivière ou dans un lac, comme à l'hôpital américain de Sedgwick, qui jetait ses eaux sales dans le lac de Ponchartrain. Dans ces conditions, le problème est de beaucoup simplifié ; il suffit de mettre des cuvettes inodores à clapets pour éviter les émanations. Mais en général les frais d'installation seraient d'un prix trop élevé, et la construction demanderait trop de temps pour pouvoir l'appliquer à des établissements temporaires. Dans cette hypothèse, il n'y a aucune difficulté de construction, et il est inutile d'ajouter que toutes les fois qu'il sera possible de l'appliquer sans dépenses trop considérables, on devra le faire.

A l'ambulance du Polygone de Metz, chaque baraque avait à son extrémité, à cinq mètres au-delà et dans le même axe, son cabinet d'aisance couvert, composé de quatre loges.

(Ce nombre pourrait, sans inconvénient, être réduit à trois.)

Les quatre cuvettes réunies vers le centre venaient se déverser dans un large entonnoir mobile en zinc qui aboutissait à une tinette, que l'on transportait au moyen d'un traîneau par le côté incliné de la fosse préparée à cet effet.

Le plancher des loges était recouvert au moyen d'un béton en ciment de Vassy, disposé pour faciliter l'écoulement des liquides vers la cuvette, et avait une pente assez prononcée.

Le bas des cloisons était goudronné jusqu'à une hauteur de un mètre. Il serait préférable de le garnir en zinc. Un écran placé en avant masquait l'entrée des loges. Cet écran peut être remplacé par des portes ne fermant la baie qu'en partie dans sa hauteur.

Le système de fosses creusées dans le sol et maçonnées, en outre qu'il coûterait plus cher de premier établissement, pourrait, au bout d'un certain temps, devenir un foyer d'infection, et le sol serait en peu de jours imprégné de matières que l'on doit surtout chercher à éloigner des malades. C'est pourquoi nous préférons les tinettes enlevées tous les jours ou tous les deux jours par deux hommes et un cheval, exclusivement chargés de ce travail, et transportées, après avoir été désinfectées, assez loin pour éviter les émanations.

Pour les malades qui ne peuvent quitter la salle, des chaises percées portatives seront disposées dans l'un des cabinets. Dans le même cabinet, on placera un tonneau soigneusement désinfecté dans lequel on videra les eaux de lavage et les excréments des malades qui ne peuvent sortir.

Dans la plupart des hôpitaux américains, les lieux d'aisances étaient placés dans l'un des cabinets réservés aux extrémités de chaque salle. Ce cabinet se prolongeait extérieurement et faisait une saillie sur le nu de la face latérale.

Il est bon de laver tous les jours les lieux avec de l'eau dans laquelle on aura fait dissoudre du chlorure de chaux, afin d'éviter les émanations, surtout par les temps chauds et humides. Les tinettes seront désinfectées au moyen d'une solution de sulfate de fer; un kilogramme pour dix litres d'eau.

Autant que possible, les lieux d'aisances doivent être rejetés vers le périmètre extérieur de l'espace occupé par l'établissement, de manière à empêcher les émanations de se répandre dans l'intérieur, et pour faciliter le service de vidange qui doit se faire, comme nous l'avons dit, tous les jours ou tous les deux jours au plus, par l'extérieur.

Nous avons employé à Metz des cuvettes en fonte émaillée sans clapets; nous aurions préféré employer les cuvettes Rogier-Mothes à bascules automatiques, si les communications avec Paris n'avaient pas été interrompues par le blocus.

Dans les baraquements prussiens les lieux d'aisances ont des siéges avec barre transversale fixée au-dessus, pour forcer les malades à s'y asseoir; les excréments sont reçus dans des vases que l'on extrait par l'extérieur, ou bien encore dans des espèces d'auges à roulettes, que l'on sort également par l'extérieur, par une ouverture ménagée à cet effet. (Voir les baraquements prussiens.)

Nous donnons ci-contre la disposition que nous avions adoptée pour les lieux d'aisances de l'ambulance temporaire de Metz. (Voir chapitre *Désinfection.*)

PLAN DES CABINETS DE LIEUX D'AISANCES DU POLYGONE, A METZ.

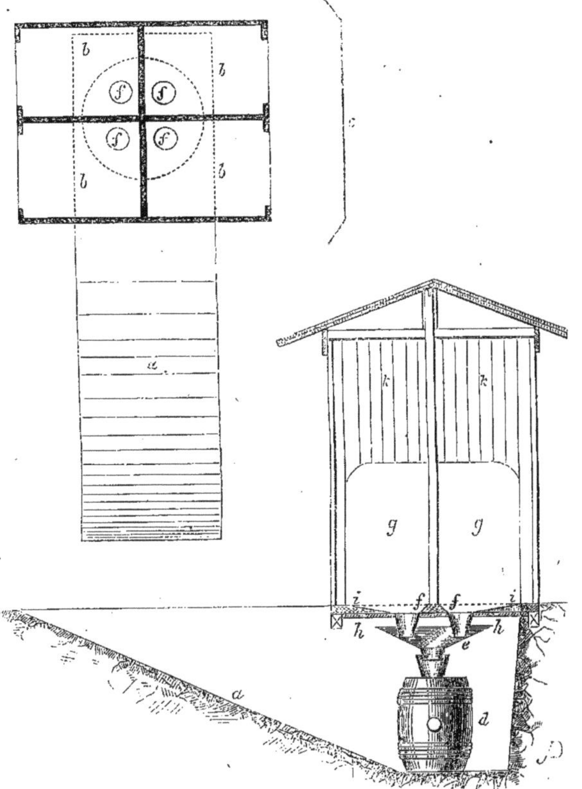

Fig. 41. Coupe des cabinets d'aisances.

Légende explicative. — Plan. — *a.* Descente pour la vidange. — *b b b b.* Cabinets de lieux. — *c.* Ecran masquant l'entrée des cabinets. Coupe de la descente et de la fosse creusées dans le sol. — *d.* Tonneau de vidange. — *e.* Entonnoir en zinc réunissant les cuvettes. — *f f f f.* Cuvettes en fonte émaillée. — *g g.* Garnitures en zinc. — *h h.* Plancher. — *i i.* Béton. — *k k.* Loges en bois.

XXIV

Mobilier.

Nous ne traiterons que de la partie du mobilier tout à fait spéciale aux hôpitaux, et qu'il faut fournir en si grande quantité que l'on ne peut se le procurer rapidement. Si le temps le permet, l'intendance pourra le fournir en entier; mais s'il arrive un encombrement semblable à celui qui s'est produit à Metz, cela devient impossible; il faut le fabriquer rapidement et en quelque sorte l'improviser. Alors le seul moyen est d'appliquer le principe que nous recommandons pour la construction des ambulances, faire bien et vite, en ménageant autant que possible la main-d'œuvre.

Tout le mobilier que nous allons décrire est fait en bois blanc à peine blanchi au rabot et assemblé exclusivement avec des pointes.

Les dimensions des lits étaient les dimensions ordinaires.

Ils étaient formés d'une tête à montants supportant une planchette horizontale. Le sommier, composé de trois planches embarrées en dessous, se reliait à la tête au moyen de deux goussets et reposait aux pieds sur un petit tréteau.

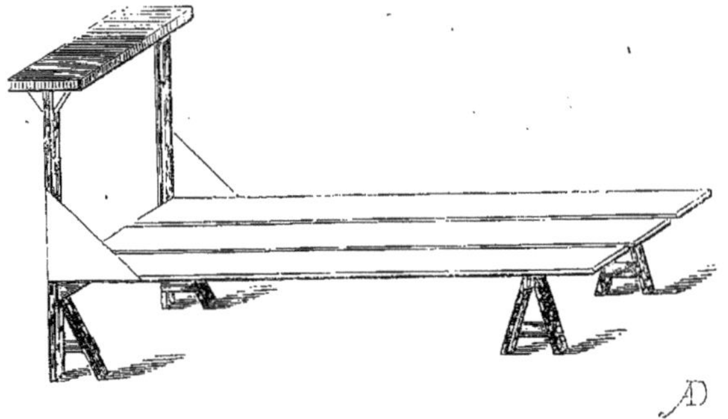

Fig. 42. Vue perspective d'un lit d'ambulance.

Tous les morceaux étaient pris dans des planches de sapin de 0,027 d'épaisseur.

Le prix de main-d'œuvre d'un lit ainsi confectionné fut fixé à deux francs.

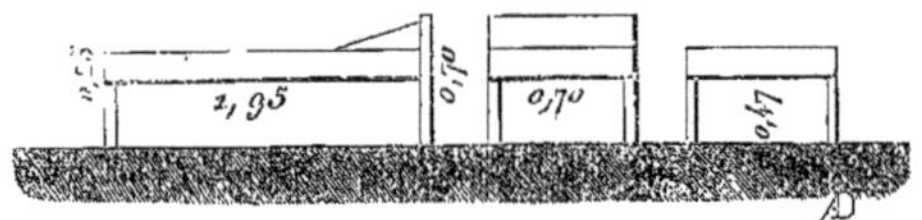

Fig. 43. Lits des Ambulances prussiennes.

Nous donnons ci-dessus l'élévation et les profils d'un lit prussien. La forme est peut-être préférable à celle que nous avions adoptée pour les nôtres, parce que la caisse peut remplacer la toile de la paillasse; mais le bois nécessaire pour leur construction est augmenté du double environ.

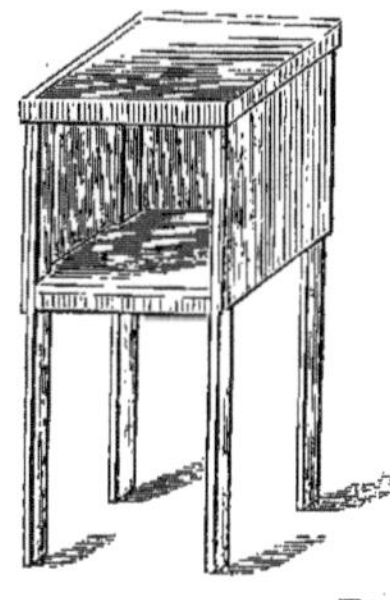

Fig. 44. Table de nuit.

Les tables de nuit avaient 0,80 de hauteur et 0,40 sur 0,45 de longueur. Elles étaient formées de quatre montants de sapin reliés entr'eux par deux planchettes de peuplier. Le dessus, le fond et le derrière étaient également en peuplier de 0,15 millimètres d'épaisseur; une petite baguette bordait le dessus. Le prix de revient de ces tables de nuit, fourniture et main-d'œuvre comprises, était de trois francs.

Dans les pavillons de blessés, au centre, on disposera une ou deux grandes tables de 0,75 de hauteur pour préparer les objets à pansements. Elles seront supportées par des tréteaux, le plateau sera formé de trois planches de sapin rabotées ou non rabotées.

Dans les cabinets de la sœur, du médecin et de l'infirmier, on placera des petites tables ayant 1 mètre de longueur sur 0,65 de largeur et 0,75 de hauteur, tout en peuplier, composées de quatre pieds simplement équarris, sur lesquels seront cloués le plateau et les traverses. Le prix d'une table ainsi construite, y compris fourniture et façon, est de cinq francs. Il sera nécessaire d'avoir une ou deux petites tables semblables, que l'on transportera près du lit des malades qui ne pourront se lever, pour poser les objets servant aux pansements.

Dans un hôpital d'un certain nombre de lits, surtout si cet hôpital est éloigné d'une localité de quelqu'importance, il sera nécessaire d'avoir en permanence, dans l'établissement, un atelier de menuisier pour deux

Fig. 45. Tables.

ouvriers, afin de pouvoir faire exécuter de suite tous les petits ouvrages d'aménagement intérieur reconnus nécessaires, ou bien encore pour confectionner sur-le-champ les appareils à pansements demandés par les chirurgiens.

XXV

Des Tentes.

Les tentes ont souvent été employées pour former des hôpitaux temporaires et ont, surtout pendant la belle saison, donné d'aussi bons résultats que les baraquements. Près de l'hôpital de Washington on avait installé en dehors 100 tentes d'hôpital, dans lesquelles on entretenait une ventilation très-active, pour y soigner spécialement les cas de pourriture d'hôpital. Cette disposition a permis de sauver un grand nombre de malades.

A Metz, le nombre des blessés s'était tellement accru que l'on avait été obligé de disposer sur l'Esplanade, dans l'espace laissé libre par les jardins, une centaine de tentes rondes dans lesquelles on plaçait 6 à 8 hommes choisis parmi les moins blessés. Cet hôpital a été un de ceux qu'il a fallu évacuer l'un des premiers. Aussi ne doit-on considérer les tentes pour ambulances que comme une ressource tout-à-fait extraordinaire et provisoire, destinée aux ambulances des premières lignes et servant à déposer les blessés pendant le combat, avant leur évacuation.

« Dès que les froids se déclarent, » dit M. Michel Lévy (*Dictionnaire encyclopédique des sciences médicales*, page 574), « la tente devient un abri insuffisant pour les malades et non moins infectant que les bâtiments clos, si elle est fermée presque hermétiquement suivant l'usage des soldats ; plus pernicieux encore si le sol intérieur est excavée en taupinière comme on l'a fait en Crimée. »

Cependant les malades s'habituent facilement au froid, contre lequel on peut du reste les garantir au moyen de couvertures. Placés dans ces conditions, les blessés sont peu exposés aux maladies spéciales de l'hôpital, et ces dernières perdent du moins tout-à-fait leur caractère contagieux. Les personnes faibles de poitrine y sont exposées à des maladies pulmonaires que l'on préviendra, en les plaçant dans des hôpitaux chauffés.

Dans l'île du Saulcy, à Metz, on avait établi une ambulance formée de tentes, et qui a dû être évacuée du 20 au 30 octobre, à cause de la mauvaise saison. Des malades au nombre de 700 à 900 ont été soignés dans cette ambulance, qui était surtout destinée aux affections contagieuses.

Les ambulances en tentes formées à l'Esplanade et au jardin Boufflers reçurent plus de 2,200 blessés.

Dans certains cas, la tente peut rendre de véritables services, ainsi que nous l'avons vu, puisqu'elle permet d'improviser en quelques heures des ambulances pouvant contenir un nombre considérable de blessés ou de malades. Ainsi, M. Michel Lévy, dans le Dictionnaire

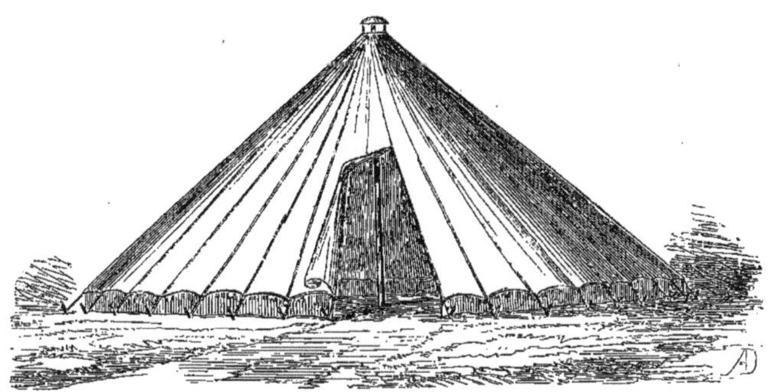

Fig. 46. Tentes employées par l'armée française aux ambulances de l'Esplanade du jardin Boufiers et de l'île de Saulcy, à Metz.

médical déjà cité, déclare que sans les hôpitaux sous tentes, à Varna, il aurait eu la catastrophe du typhus, après celle du choléra ; et sans les hôpitaux en baraques ou sous tentes, à Constantinople, le typhus y aurait commencé ses ravages huit mois plus tôt et le choléra l'y aurait précédé.

En résumé, on peut affirmer qu'il est encore préférable, quelle que soit la saison, de disséminer les malades sous des tentes, que de les placer dans des hôpitaux sans un volume d'air suffisant, renouvelé sans cesse au moyen d'une ventilation très-active.

En 1812, pendant la guerre d'Espagne, les Anglais employèrent pour la première fois les tentes pour abriter les blessés; en 1815, les Allemands les employèrent également, mais seulement pour les blessés atteints de la pourriture d'hôpital. Depuis elles sont devenues d'un emploi général dans toutes les guerres de l'ancien et du nouveau monde.

On doit surtout chercher à établir les tentes sous de grands arbres, afin de les mettre à l'abri du soleil; la meilleure exposition est sur le versant d'une colline, où elles sont abritées du vent du nord. On ne doit pas les placer dans des vallées étroites ou dans des cours ou des jardins limités par des bâtiments élevés. Enfin, on doit rechercher un sol sec et ferme ou sablonneux pourvu d'eau. Elles peuvent être groupées comme nous l'avons dit pour les baraquements; si les tentes sont établies pour un temps assez long, il sera nécessaire de les déplacer tous les trois ou quatre semaines pour éviter l'infection du sol, qu'il sera bon de recouvrir d'une couche de sable. Mais on ne devra pas poser sur le sol un plancher ou des tapis qui deviendraient en quelques jours des foyers dangereux d'infection. La plus grande propreté devra régner dans l'intérieur des tentes; les excréments devront être rejetés au loin, et on ne doit rien y conserver de ce qui sert aux malades.

Autour de chaque tente on creusera un fossé de 30 à 40 centimètres de largeur sur la même profondeur, pour empêcher les eaux de pluie de se glisser dans l'intérieur.

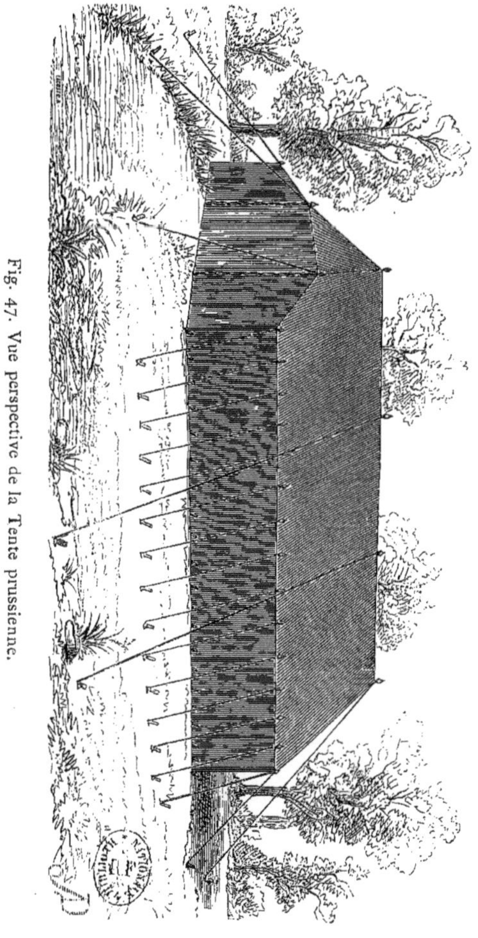

Fig. 47. Vue perspective de la Tente prussienne.

Dans son ouvrage intitulé *Lehrbuch der Allgemei-*

nen Kriegs chirurgie, le docteur H. Fischer dit que la tente employée dans l'armée prussienne a donné de très-bons résultats.

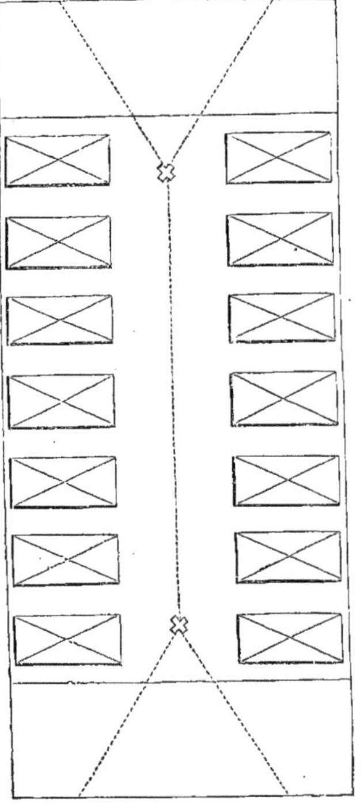

Fig. 48. Plan de la Tente prussienne.

La tente prussienne a 21 mètres de longueur sur 8 mètres de largeur. Cet espace est divisé en trois parties : le milieu, qui a 17 mètres sur 8 de largeur, est destiné aux malades ; l'une des extrémités, qui a 2 mètres sur 8, sert à loger les infirmiers ; l'autre, qui a les mêmes dimensions, sert de dépôt pour les objets nécessaires au service.

La toile de la tente est supportée par une charpente légère en bois, composée de poteaux et de traverses retenus en place par des cordeaux avec tendeurs.

Mais pour les maladies contagieuses d'hôpital, on emploie les petites tentes à deux lits, construites de la même manière, et dont nous donnons ci-contre le dessin.

Pendant la nuit, lorsque tout est fermé, la ventilation se fait difficilement dans l'intérieur des tentes, l'air devient épais; aussi doit-on dès le matin ouvrir toutes les ouvertures pour renouveler l'air.

Fig. 49. Tente prussienne à deux lits.

L'éclairage des tentes se fait au moyen d'une lampe à huile donnant une faible lumière, afin de ne point incommoder les malades.

« La tente d'ambulance qui a été généralement employée pendant la guerre de la sécession a les dimensions suivantes : longueur, 4^m, 25 ; largeur, 4^m, 55 ; et au centre 3^m,95 de hauteur, avec parois latérales de 1^m,37 de haut. Elle est destinée à recevoir 8 malades. La charpente se compose de deux mâts verticaux et d'une poutre horizontale. L'une des extrémités est disposée de telle sorte qu'on peut y annexer une ou plusieurs tentes, et que toutes n'en forment qu'une seule avec toiture continue. Cette tente est munie d'une aile ou toit supplémentaire, lequel repose sur la poutre transversale et est élevé de plusieurs pouces au-dessus du véritable toit, qu'il recouvre entièrement. Elle est aussi construite en coton-duck et coûte environ 300 francs. Les avantages quelle présente sont les suivants : simplicité, bon marché, forme carrée, parois perpendiculaires, imperméabilité presque absolue. Le double toit protége efficacement contre la pluie et contre le soleil.

» Cette aile ou toile supplémentaire étant mobile, on peut la ramener en face de la tente, quand le temps est beau, et contribuer ainsi à augmenter l'ombre et la fraîcheur. Cette tente est dépourvue de moyens de ventilation par la toiture ; l'air ne peut se renouveler que par les extrémités.

» Le coton est, nous l'avons dit déjà, moins perméable que la toile ; mais l'expérience seule pourra apprendre si cette étoffe est susceptible d'un assez bon usage pour pouvoir être employée sous tous les climats. » (*Dictionnaire encyclopédique des sciences médicales*, A. Dechambre. — *Camp*, par MM. Michel Lévy et E. Boisseau.)

Les ouvrages allemands proposent la construction de baraquements mixtes entre les tentes et les baraques proprement dites. Dans ces constructions, la charpente, la couverture et une partie des revêtements des faces latérales les plus exposées à la pluie, se font en bois, comme nous l'avons dit ; mais les autres parties sont remplacées par des stores, des portières ou des rideaux en étoffe, que l'on ferme pendant les nuits ou les mauvais temps, et que l'on ouvre par les beaux

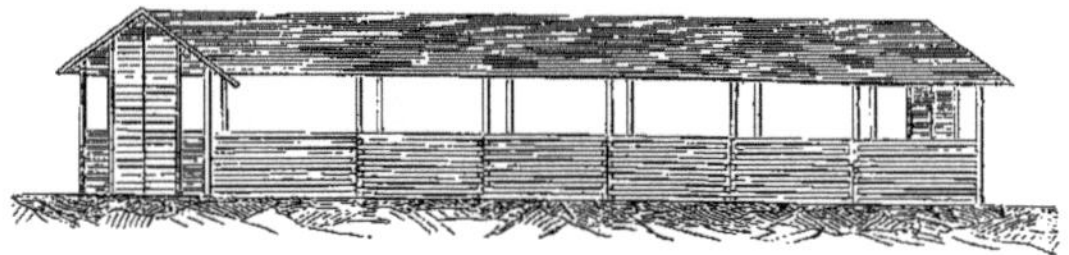

Fig. 50. Tente-baraque. — 1866.

jours. On comprend que ce système ne peut être adopté que pendant la belle saison, et qu'en hiver il serait impraticable.

Fig. 51. Tente-baraque ouverte d'un côté. — 1866.

Quelquefois même on propose de ne construire que des espèces de hangards, pour y abriter les blessés, semblables à ceux que l'on rencontre dans les tuileries, dans les fermes, etc. Pendant la guerre de 1866, on en a fait l'essai à Vienne, et les résultats ont été assez satisfaisants.

Fig. 52. Vue perspective d'une Tente-baraque.

Malgaigne raconte qu'en 1814 et 1815, l'administration des hôpitaux de Paris avait employé des abattoirs en construction, sans portes ni fenêtres, pour y loger

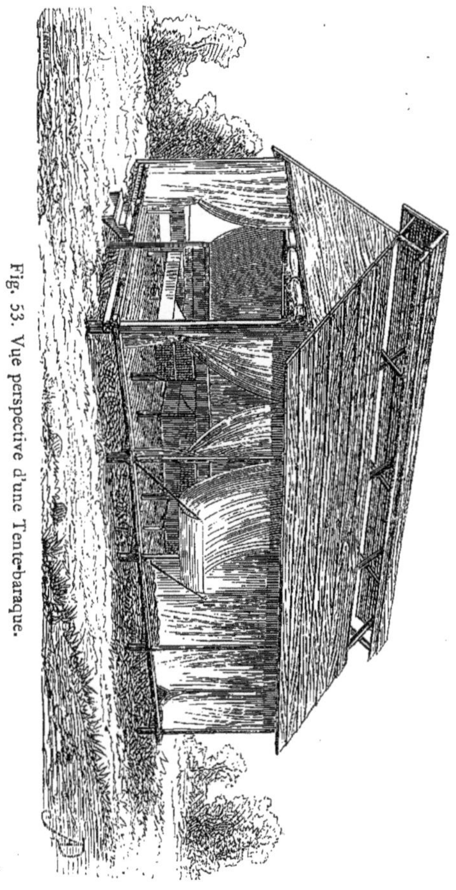

Fig. 53. Vue perspective d'une Tente-baraque.

6,000 blessés, et que la mortalité y a été de moitié moindre que celle de tous les autres hôpitaux.

En Bohême, en 1866, on a construit des baraquements fermés aux trois-quarts de leur hauteur au moyen de planches, et dont le tiers supérieur se fermait au moyen de stores en toile.

Le docteur Volkmann a employé aussi des baraques semblables à celles construites pour les foires, ouvertes complètement d'un côté, et en a obtenu d'excellents résultats. On employait également les baraques de jeu de quilles si communes en Allemagne.

Enfin nous donnons ci-contre des tentes-baraques construites très-simplement, que l'on peut employer avec avantage par le beau temps, et dans lesquelles les blessés et les malades seront placés dans de bonnes conditions hygiéniques.

XXVI

Des Wagons.

Au moment où l'encombrement s'est produit, après les batailles livrées sous les murs de la ville, M. Dietz, ingénieur des chemins de fer de l'Est, a eu la pensée de faire amener sur la Place royale les nombreux fourgons à marchandises remisés par suite du blocus dans la gare de Metz, pour y placer des blessés et des malades. A cet effet, il fit construire une voie entrant dans la ville jusqu'à l'emplacement désigné (Place royale), et fit disposer les wagons par longues files parallèles, formant des rues numérotées. Cet hôpital improvisé a permis de loger 1,000 à 1,200 malades. Ils étaient couchés sur des espèces de hamacs, qui avaient été fabriqués dans les ateliers du chemin de fer; on vissait ces hamacs sur deux hauteurs, en travers, dans l'intérieur des wagons. Des escaliers avaient été disposés devant chaque porte.

Les dépendances telles que cuisines, lingerie, magasins, etc., étaient installés dans des baraquements construits pour cet usage. Une partie de ces bâtiments étaient couverts avec des bâches de wagons; l'autre partie avait été construite comme les baraques du Polygone.

XXVII

Abris en planches.

Comme nous l'avons dit, le 18 août nous faisions construire à la hâte, et en quelques heures, des abris improvisés, pour loger 200 blessés qui n'avaient pu trouver de place nulle part. Ils étaient formés de deux parois de planches, posées à recouvrement, suivant un plan incliné, et reliées entre elles par des planches clouées en écharpes. Ces parois étaient supportées en-dessous par des espèces de fermes formées de deux planches de 4 mètres clouées en forme de V, dont les xtrémités libres étaient arrêtées en terre. Dans l'angle formé à la pointe de V par leur croisement, il était passé un chevron formant faîtage; en bas et vers le milieu, on avait cloué des planches servant de pannes. Ces espèces de fermes étaient espacées entre elles de 1 mètre environ. Un fossé creusé dans le sol recevait les eaux de pluie qui s'écoulaient de cette couverture.

Un plancher légèrement incliné, régnant sur toute la longueur, servait de bois de lit, et laissait au pied une espace libre de 1 mètre 50 cent. de largeur servant de passage.

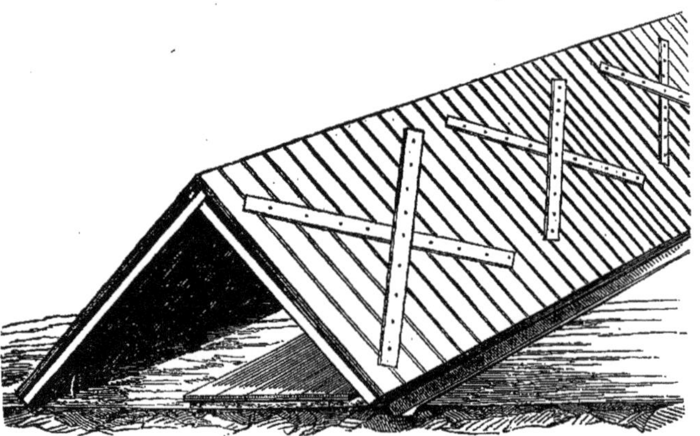

Fig. 54. Abris en planches du Polygone de Metz.

Ces abris surnommés, à cause de leur forme, par les soldats, *bonnets de police*, nous permirent de loger 500 hommes pendant plus de quinze jours, en attendant que la construction des baraquements fût entièrement terminée.

XXVIII

Inhumations.

> *Te Deum laudamus!*
> Car nous avons hier marché dans le sang jusqu'aux genoux.
> Nous te louons, Seigneur! Car nous avons fait une montagne des corps morts de nos ennemis.
> Et eux n'ont pu faire qu'une colline de nos cadavres.
>
> Alph. KARR. — *les Fleurs.*

Entre tous les tristes tableaux que la guerre a fait passer sous nos yeux, il en est un plus horrible encore que tous les autres, c'est celui de la fosse commune; ce trou où venaient s'amonceler, dans une espèce de symétrie, ces masses de corps mutilés, hier encore pleins de vie, de jeunesse et de santé.

Dans les premiers jours qui suivirent les grandes batailles livrées sous les murs de Metz, la mortalité dans les 65 ambulances que renfermait alors la ville fut fort grande : elle variait entre 80 et 100 soldats par jour, et on se trouva, par suite de l'encombrement, dans la dure nécessité d'envoyer en terre tous ces pauvres gens sans suaires; alors c'était un de ces spectacles que l'on ne saurait oublier, et qui laisse dans l'âme une impressions forte et terrible, dont rien ne peut effacer la trace. Ces pauvres corps, couverts de blessures affreuses, conservaient sur le visage la trace de la dernière pensée que la mort était venue suspendre. Chez la plupart l'expression était calme ou triste, mais chez d'autres elle était menaçante ou souriante de ce sourire-étrange de la mort, accompagné de ce regard vide plus étrange encore.

Comme nous l'avons vu, aussitôt que la déclaration de la guerre avait été connue à Metz, prévoyant que tout l'effort se porterait autour de notre ville, l'administration municipale s'était occupée de la question des ambulances; après avoir conclu le traité relatif au baraquement du Polygone, que l'on considérait alors comme devant être l'ambulance principale, elle se préoccupait de la question non moins grave des inhumations. Dès les premiers jours du mois d'août, nous eûmes plusieurs conférences avec M. Félix Maréchal, maire, dans le but de rechercher les terrains convenables pour cette affectation. Le 3 août, le maire, accompagné de ses adjoints et de M. le docteur Isnard, qui avait été désigné comme médecin en chef du Polygone, venait visiter les emplacements proposés.

Le premier, situé au pied des vignes de Saint-Julien, au-delà de la Moselle, présentait, à notre avis, le grave inconvénient d'être très-éloigné, et pour y arriver on aurait été obligé de traverser la rivière en bateau et de transporter également les morts par cette voie. Ce qui eût été du reste impossible, ainsi que la suite l'a prouvé.

Le deuxième, beaucoup plus rapproché, peut-être trop rapproché même de l'hôpital du Polygone, formait un triangle planté de peupliers, à l'extrémité du cimetière Chambière. (Voir le plan général, page 70.)

Le lendemain, 4 août, M. Félix Maréchal nous écrivait :

« Monsieur l'Architecte,

» La distance qui doit séparer un cimetière des habitations voisines n'étant que de 40 mètres, il y aurait lieu d'examiner de nouveau si le triangle qui fait suite au cimetière Chambière n'est pas un emplacement préférable à tout autre pour établir dans des conditions légales et hygiéniques celui destiné aux inhumations du baraquement. »

En effet, après avoir pesé le pour et le contre de chacun des terrains proposés, le choix se porta définitivement sur ce triangle. Quelques jours après on se mit à l'œuvre. Nous fîmes creuser un fossé de 50 mètres de longueur sur 5 mètres de profondeur, ayant une largeur au fond de 2 mètres, avec des parois latérales légèrement inclinées pour éviter les éboulements. Deux mille cinq cents cadavres trouvèrent place dans cette immense fosse. Dans la suite, et suivant les besoins, deux fosses analogues furent creusées à côté et parallèlement.

Le chiffre total des inhumations faites dans ce cimetière jusqu'au 1er avril 1871 est de 8,400 environ.

Comme nous l'avons dit, dans les premiers jours, les corps nous étaient envoyés complètement nus; quelques jours après, l'intendance prit des mesures pour qu'ils fussent cousus dans de fortes toiles avant de sortir des ambulances; ainsi recouverts, les pieds croisés et les bras rapprochés du corps, ils ressemblaient beaucoup à des momies égyptiennes enveloppées de leurs bandelettes.

Si le nombre des morts n'est pas trop considérable, nous ferons ici un appel à la charité privée pour venir en aide à l'État, afin de fournir à chacun de ces pauvres enfants morts pour la patrie, loin des leurs, un cercueil si léger qu'il soit : charité que l'on ne refuse pas en temps ordinaire au dernier des pauvres.

L'emplacement choisi était assez restreint. Le nombre des morts dépassait de beaucoup nos prévisions; aussi devions-nous prendre des mesures pour ménager la place. Heureusement, le sol dans lequel étaient pratiquées les fosses se composait de gravier des alluvions de la Moselle : ce sous-sol, assez sec au temps des moyennes eaux, facilitait la décomposition et nous permettait d'accumuler les corps sans redouter l'infection, surtout en employant la chaux et le chlorure de chaux.

Voici comment on procédait à l'inhumation :

Les cadavres du 1er rang étaient placés côte à côte au fond, en travers de la fouille, sur 1 m. 80 à 2 mètres de longueur; ceux du 2e rang avaient la tête sur les pieds des premiers; ceux du 3e rang étaient placés perpendiculairement à ceux des autres rangs; ceux du 4e rang avaient les pieds sur la tête du 3e rang. Enfin, ceux du 5e rang étaient placés comme ceux du 1er, et ainsi de suite. On superposait ainsi 12 à 15 rangs, en ayant soin de recouvrir chacun d'eux d'une couche de trois à cinq centimètres de chaux en poudre. On remblayait ensuite en terre sur cette partie, en ayant soin de pilonner le remblai, en sorte que sur une longueur de 2 mètres de la fosse on plaçait 90 à 100 corps qui formaient une hauteur de 2 m. 80 à 3 mètres; la profondeur totale étant de 5 mètres, il restait au moins 2 mètres à 2 m. 20 de terre au-dessus du dernier corps, plus le terre-plein que nous décrirons plus loin. Dans ces conditions, même par les plus fortes chaleurs, il ne s'échappait aucune émanation de cette terrible fosse.

Par suite du blocus, la chaux en poudre destinée à la désinfection aurait certainement manqué si l'administration militaire n'avait mis à la disposition de la ville, contre remboursement, celle qui était destinée aux travaux des corps-francs des chemins de fer.

Le tassement qui se fit sur les fosses en quelques mois fut de près d'un mètre; depuis il est beaucoup moins sensible. Aujourd'hui elles sont recouvertes par une levée de terre de 0 m. 70 de hauteur en forme de pyramide tronquée sur laquelle on a semé de l'herbe. Des bornes numérotées, correspondant au registre d'inhumation qui était tenu jour par jour par un garde de ville attaché spécialement à ce service, peuvent servir à reconnaître le lieu de sépulture de chaque homme.

Voici comment l'inscription des morts se pratiquait :

Le conducteur du fourgon remettait au garde les bulletins qu'il avait reçus dans les ambulances où il avait levé les corps. Un numéro d'ordre était porté sur le registre et indiquait la section où il était déposé ; on trouvait en regard les noms et prénoms et les numéros matricules, etc. Sur 8,400 inhumations il ne manque que 70 noms, dont on a du reste les matricules.

Tous les soldats prussiens portent au cou une plaque de fer blanc sur laquelle sont les lettres et les chiffres qui peuvent faire reconnaître leur identité ; c'est ce qu'ils appellent *la sonnette des morts*. C'est une sage mesure que nous voudrions voir adopter dans notre armée.

Les soldats prussiens étaient déposés avec nos soldats dans la fosse commune jusqu'au moment où un ordre du maréchal Bazaine, sur lequel nous reviendrons, nous prescrivit de les enterrer à part.

Les officiers français étaient placés dans des bières et inhumés dans des fosses séparées à l'intérieur du cimetière Chambière, dans un endroit désigné à l'avance, avec des numéros indiqués au registre d'ordre du cimetière. Sur la demande des amis ou de la famille, on pouvait les enterrer dans les autres cimetières de la ville.

Le Conseil municipal, dans la séance du 13 avril dernier, a voté une somme de 4,000 francs pour clore le terrain et pour construire un monument en mémoire des soldats français inhumés en cet endroit.

Dans le but d'éviter les épidémies, on a dû, au printemps dernier, faire des travaux considérables sur les champs de bataille des environs de Metz pour compléter les inhumations d'hommes et de chevaux faites à la hâte après le combat. Les fosses ont été largement désinfectées au moyen de sulfate de fer et de chlorure de chaux employés à profusion. Déjà, pendant l'hiver, une première désinfection avait été pratiquée. Ces divers travaux ont été exécutés par les soins de l'administration prussienne et sous la direction de M. d'Arrest, médecin en chef de l'armée.

En général, le terrain destiné aux inhumations doit être sec, à fond de sable de gravier, ou de terre mélangée de pierres. Il doit être éloigné au moins de 40 mètres des dernières habitations et situé au nord de la localité la plus proche.

On doit éviter les cimetières inondés ou à fond de terre argileuse ou compacte, qui conserve les cadavres. Il est à désirer qu'il soit entouré d'arbres ou planté lui-même.

Toutes les dépenses concernant les inhumations des soldats morts pendant la dernière campagne, dans la ville de Metz, ont été payées par la caisse municipale et ne se sont pas élevées à une somme moindre de 26,805 fr. 50 c., se divisant ainsi qu'il suit :

99 mètres cubes de chaux, à 18 francs le mètre, ci	1,782	»
Journées d'ouvriers fossoyeurs ou d'infirmiers. . .	21,000	»
Boissons hygiéniques.	882	»
Fourniture d'outils, chlore, etc..	50	»
Frais de transports des cadavres au cimetière. . .	3,091	50
Total.	26,805	50

pour 8,400 corps environ, ce qui produit 3 fr. 20 c. par homme.

Après la bataille de Gravelotte, plusieurs blessés prussiens furent dirigés sur l'hôpital du Polygone de Metz ; parmi eux se trouvait un jeune sous-officier de hussards rouges, blessé grièvement au bras. On dût pratiquer l'amputation, et il mourut des suites de cette amputation, d'une résorption purulente provoquée par l'émotion que lui produisit la canonnade de la sortie du 31 août. Le prince Frédéric Charles s'intéressait à ce jeune homme d'une manière toute particulière, et réclama son corps au maréchal Bazaine en lui adressant un cercueil de plomb pour le recevoir. Celui-ci nous envoya l'un de ses officiers d'ordonnance pour procéder à l'exhumation ; mais il fut répondu qu'il était impossible de retrouver le corps qu'il réclamait, puisqu'il avait été inhumé dans la fosse commune depuis quelques jours et qu'il se trouvait enfoui au milieu de plus de 15 à 1,800 cadavres en pleine décomposition. Le maréchal insista de nouveau et fit venir chez lui le médecin qui avait soigné le Prussien, pour bien s'assurer qu'il était impossible de satisfaire à la demande du prince Frédéric Charles.

C'est à la suite de cet incident que la lettre suivante me fut communiquée par M. le Maire, afin d'y donner la suite qu'elle comportait :

Metz, 2 octobre 1870.

« Monsieur le Maire,

» Sous la date du 2 courant, M. le Général commandant » supérieur de Metz a écrit à M. l'Intendant militaire de la » 5e division.

» Afin de venir en aide, autant que possible, aux familles qui » recherchent les tombes de leurs décédés à Metz, Son Exc. » M. le Maréchal commandant en chef a décidé que les militaires » prussiens qui succomberont dans les hôpitaux seraient enterrés » dans une partie du cimetière où l'on puisse retrouver leur sé- » pulture, et que l'on prendrait toutes les indications possibles » pour faire constater leur identité. Chaque militaire de l'armée » prussienne porte au cou une plaque portant des lettres qui » peuvent le faire connaître. Il convient, ainsi que cela s'est fait » jusqu'à présent, de transcrire les lettres et les chiffres de cette » plaque, mais de la laisser au cou du mort en le mettant en » terre.

» Son Exc. M. le Maréchal commandant en chef recommande » d'autre part de faire rendre aux officiers décédés les mêmes » honneurs militaires qu'aux officiers de l'armée française.

» Je vous prie d'assurer, en ce qui vous concerne, l'exécution » de ces prescriptions.

» J'ignore si ces prescriptions ont été portées à votre connais- » sance, afin, toutefois, d'être assuré que ce service, qui dépend » de l'autorité municipale, s'exécutera ainsi que j'ai l'honneur » de vous le transcrire.

» Veuillez agréer, Monsieur, l'assurance de ma considération » la plus distiuguée.

» *Le Sous-Intendant militaire*,

» Signé : Perrot. »

Depuis, tous les soldats prussiens morts dans les ambulances étaient déposés dans des cercueils et enterrés à part dans des fosses séparées ; tandis que nos soldats étaient inhumés comme nous l'avons dit plus haut. Cette manière d'agir n'a pas besoin de commentaires.

XXIX

Instruction du département de la guerre pour les médecins militaires des Etats-Unis-d'Amérique, chargés de la construction des hôpitaux généraux temporaires.

(20 juillet 1864.)

EMPLACEMENT.

L'hôpital doit être construit sur un terrain plat et sec, à sous-sol de gravier, et assez étendu pour recevoir sans gêne toutes les constructions. Il doit être élevé et éloigné autant que possible des étangs et autres sources de *Malaria* : on doit y trouver de l'eau pure en abondance.

PLANS DE CONSTRUCTION.

Les hôpitaux généraux doivent-être construits suivant le système de pavillons séparés, de manière que chacun d'eux soit un bâtiment spécial et indépendant, pouvant contenir 60 lits. En outre de ces pavillons de malades, on construira des bâtiments isolés pour :

L'administration de l'hôpital;

La salle à manger et la cuisine des malades;

La salle à manger et la cuisine pour les employés,

La buanderie ;

L'office pour l'économe et le quartier maître ;

La maison d'approvisionnement ;

Le corps de garde ;

La morgue ;

L'habitation pour les infirmiers ;

La chapelle ;

La salle d'opérations ;

L'écurie.

Les salles de malades, le bâtiment d'administration, les cuisines, les salles à manger et la chapelle doivent être reliés ensemble par des couloirs couverts, ayant un plancher, mais ouverts d'un côté en forme de portique.

PAVILLONS DES MALADES.

Les salles de malades peuvent être disposées en deux lignes formant un V. Le bâtiment d'administration doit être au sommet de l'angle : si les bâtiments de malades sont disposés suivant les rayons d'un cercle, de manière à former dans leur ensemble une couronne circulaire oblongue ou ellipsoïde, il sera placé à l'emplacement de l'un d'eux. Les autres services seront groupés au centre. En tous cas, il est nécessaire d'espacer assez les constructions pour permettre une active ventilation entre eux, et il doit y avoir au moins 25 à 30 pieds d'espace libre entre deux constructions parallèles. Généralement on devra établir le grand axe des pavillons du nord au sud. Chaque pavillon doit avoir une ventilation sur toute la longueur de son faîtage, sa longueur sera de 187 pieds et sa largeur de 24. A chaque angle on établira, au moyen de deux cloisons, un cabinet de 9 pieds de largeur sur onze de longueur. L'espace restant libre sera affecté à l'emplacement des lits.

Les quatre cabines des angles renfermeront :

La 1re, une chambre de bains ;

La 2e, les latrines ;

La 3e, la chambre des infirmiers ;

La 4e, la chambre à pansements.

Ces salles doivent avoir une élévation de 14 pieds du plancher jusqu'au bas de la couverture. La pente de la couverture est indéterminée. Le plancher doit être surélevé au-dessus du sol d'au moins 18 pouces, de manière que l'air puisse circuler librement au-dessous.

Un pavillon construit d'après ces données peut contenir 60 malades ; dans ces conditions chacun d'eux aura plus de 1,000 pieds cubes d'air. Le nombre de pavillons sera proportionné à celui des malades. Un hôpital de 1,200 malades demande en conséquence 20 pavillons.

BATIMENT D'ADMINISTRATION.

Le bâtiment de l'administration pour un hôpital de 600 à 1,200 malades doit avoir 132 pieds de longueur sur 38 de largeur; il aura deux étages, avec ventilation à la couverture. Le rez-de-chaussée, 14 pieds d'élévation; le 1er étage, 12 pieds entre plafond et plancher.

Ce bâtiment renfermera :

Le logement du directeur ;

Le cabinet du médecin de service;

La lingerie et les offices ;

La pharmacie;

La chambre de l'aumônier;

Le logement du médecin en chef.

SALLE A MANGER ET CUISINE POUR LES MALADES.

La salle à manger doit avoir également sa ventilation à la toiture, elle doit être assez spacieuse pour contenir les deux tiers des malades. A angle droit, à l'extrémité de la salle à manger, on construira la cuisine, qui sera mise en communication avec elle par une large porte.

La cuisine sera divisé en deux parties d'inégale grandeur; la plus grande sera affectée à la cuisine ordinaire, la plus petite à la préparation des mets extra. Dans les deux, la nourriture se préparera sur des fourneaux. Lorsque l'on aura une machine à vapeur dans l'établissement, on se servira de la vapeur fournie par la chaudière.

SALLE A MANGER ET CUISINE POUR LES EMPLOYÉS.

Une petite construction doit être érigée près du bâtiment d'administration pour renfermer ce service.

BUANDERIE.

Un bâtiment à deux étages, avec dortoir pour les blanchisseuses au premier, sera établi pour la buanderie; il sera couvert par une terrasse sur laquelle on placera le séchoir à air libre.

MAISON D'APPROVISIONNEMENTS.

Un petit bâtiment à deux étages servira de magasin pour les vivres de toutes espèces. A cet effet, il sera muni de casiers et de rayons disposés selon les besoins. Dans une partie, on réservera un local pour les vêtements, le linge, etc. Le deuxième étage renfermera le logement des cuisiniers.

GLACIÈRE.

La glacière devra fournir la glace nécessaire à l'établissement et servira pour la conservation des comestibles sujets à se gâter.

MAISON D'HABILLEMENT.

Un bâtiment dans lequel seront gardés les effets appartenant aux malades de l'hôpital. Il devra y avoir autant de casiers de 2 pieds cubes que de malades dans l'établissement.

CORPS DE GARDE.

Destiné au poste de sureté. Il devra contenir un petit violon, pour enfermer les personnes arrêtées.

MORGUE.

Elle se composera d'un petit bâtiment divisé en deux pièces éclairées par le haut. On doit éviter de le mettre en vue des pavillons de malades.

HABITATION POUR LES INFIRMIERS.

Un pavillon isolé sera destiné au logement des infirmiers. Il contiendra en outre des dortoirs, une salle à manger et une cuisine spéciale.

CHAPELLE.

Bâtiment isolé dans lequel on fera le service divin. Il devra être disposé de manière à pouvoir servir de bibliothèque et de salle de lecture.

CABINET D'OPÉRATION.

Il sera composé de deux pièces de 15 pieds carrés, éclairées par le haut au moyen d'un jour astral. La première servira pour les opérations de chirurgie, la deuxième pour sonder les blessures. Ce bâtiment doit être voisin de l'administration.

ÉCURIE.

Ecurie pour les chevaux de l'hôpital et ceux des médecins.

RÉSERVOIR D'EAU.

Le réservoir d'eau devra être d'une capacité assez considérable. L'eau sera élevée au moyen d'une machine à vapeur, et sera pompée dans une source ou dans un puits. La machine à vapeur doit se trouver dans le voisinage de la cuisine et de la buanderie, afin de pouvoir utiliser la vapeur.

Dans les localités qui renferment de l'eau en grande quantité, on établira dans chaque pavillon un water-closet avec effet d'eau. Si l'on n'a pas d'eau en abondance, on doit éloigner les latrines à une distance suffisante des pavillons et les faire aboutir dans des tonneaux de vidange, qui doivent être enlevés toutes les nuits.

VENTILATION.

Pendant la belle saison, le renouvellement de l'air se fait naturellement par les ouvertures pratiquées à cet effet. Mais pendant l'hiver on doit disposer une ventilation artificielle, au moyen de tuyaux en bois placés sous le plancher et dans la couverture, en utilisant la chaleur des poêles pour activer le tirage. (Voir fig. 30, page 118.)

Pour assurer l'exécution de ces instructions, avant de commencer la construction on déléguait un officier du corps médical qui devait d'abord donner son approbation au plan et aux dispositions à adopter, et dans la suite aucun changement ne devait être fait sans son consentement. Enfin on ne devait déroger des instructions reproduites ci-dessus qu'en cas de nécessité absolue.

XXX

Instruction prussienne, concernant les tentes et les baraquements pour ambulances et leur désinfection.

Nous reproduisons en substance dans ce chapitre l'Instruction prussienne, en ce qui concerne les tentes et les baraques ; nous renverrons le lecteur au chapitre XXXV pour la partie de cette Instruction qui traite de la désinfection.

La brochure allemande est intitulée : *Vorschriften betreffend krankenzelte Baracken, und das desinfektions-verfahren in den Lazarethen* (Berlin, 1870).

Elle est surtout destinée à l'instruction des infirmiers de l'armée prussienne.

DESCRIPTION D'UNE TENTE DE MALADES POUR DOUZE LITS, POUR LE SERVICE DE CAMPAGNE (*Novembre* 1867).

La tente a la forme d'une maison de 28 pieds de

longueur sur 20 de largeur, ayant une hauteur latérale de 5 pieds et une hauteur de 13 pieds et demi du sol au faîtage.

Elle se compose d'une charpente en fer creux, que l'on peut démonter par pièces rectilignes pour en faciliter le transport. Sur cette charpente, on tend une couverture en toile à voile très-forte, qui forme la tente.

Les faces latérales sont en toile à voile ordinaire. Elles sont fixées à la partie supérieure, au moyen de courroies et de cordons, sur la charpente en fer. A la partie inférieure, elles sont garnies d'une bande en toile goudronnée, et elles sont rattachées au sol par des piquets fichés en terre.

Les faces des pignons sont en toile simple, que l'on peut relever comme des portières, pour l'entrée et pour l'aération intérieure.

La couverture est formée de deux épaisseurs de toile : la première, en toile à voile ordinaire (sous couverture), descend sur les faces latérales à un pied en contre-bas de l'armature en fer, et vient se rattacher aux faces latérales pour fermer les ouvertures qui existent à la partie supérieure ; ces ouvertures sont formées par la toile des faces latérales, qui est retenue à la charpente de distance en distance par des courroies en cuir. Ces ouvertures servent à la ventilation de la tente, et ne sont fermées par la toile de la couverture que pendant la nuit ou en cas de mauvais temps.

La deuxième toile, formant la couverture, est en

toile à voile très-forte ; elle est posée sur la première et

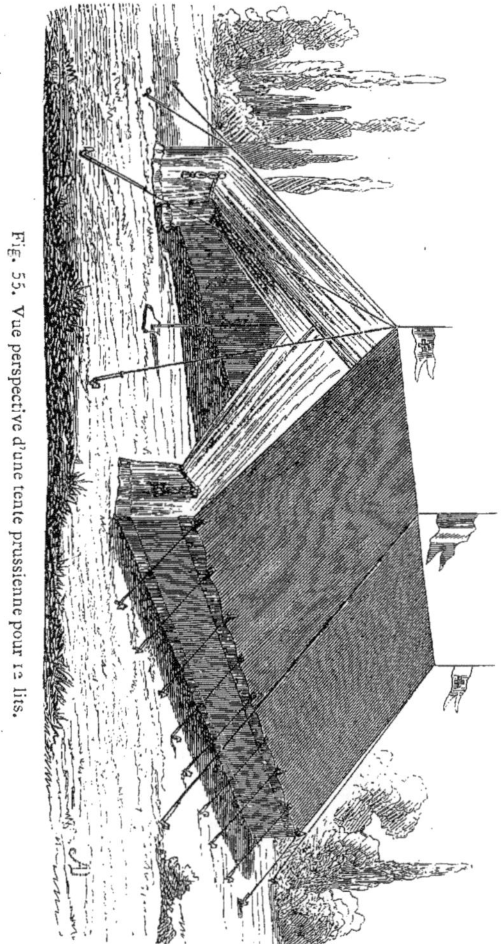

Fig. 55. Vue perspective d'une tente prussienne pour 12 lits.

est fixée au sol par des cordes avec des raidisseurs

se rattachant à de forts piquets fichés en terre. Le bord de cette toile produit une saillie extérieure en forme de gouttière en surplomb sur les faces latérales.

A l'une des extrémités de la tente, on réserve une petite pièce pour servir de chambre d'infirmiers et pour y déposer le matériel nécessaire au service de l'ambulance. Cette petite pièce est fermée au moyen d'une portière en toile semblable à celles des pignons de la tente.

Sur le faîtage on dispose trois drapeaux : aux deux extrémités les drapeaux de l'Internationale, et au centre le drapeau prussien.

Le poids total de tout ce matériel est d'environ 440 kilogrammes.

La tente se compose :

1° D'une première couverture, formée d'une forte toile à voile ;

D'une deuxième couverture, formée de toile à voile ordinaire ;

De trois paires de rideaux en toile à voile ordinaire, pour fermer les deux pignons et le local réservé au service.

2° De deux pièces en forte toile à voile, pour fermer les faces latérales de la tente, de 28 pieds 1/2 de longueur, garnies à la partie inférieure d'une bande de toile goudronnée, et à la partie supérieure de cinq courroies en cuir et de quelques rubans ;

3° De trois grandes barres en fer creux *aaa* servant de poinçons pour supporter le faîtage *hh* ; chaque barre est en fer forgé et porte un collet à la partie inférieure,

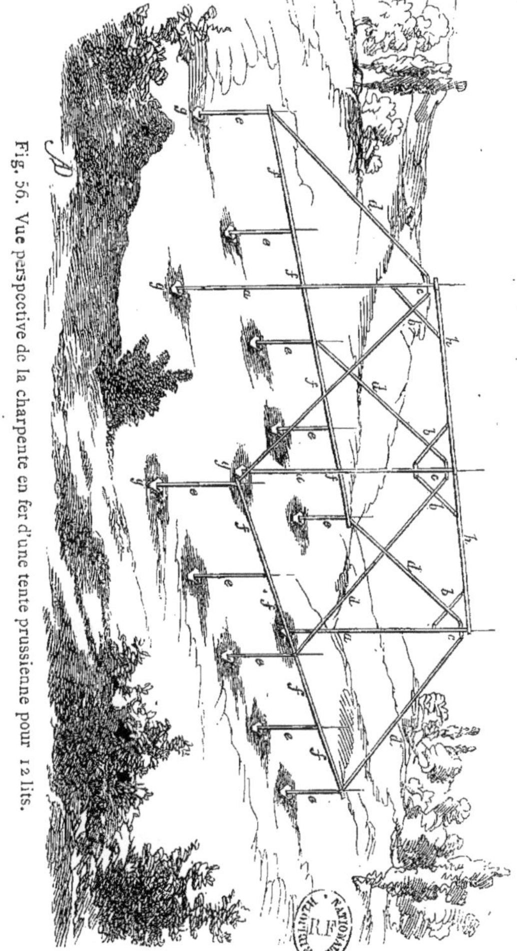

Fig. 56. Vue perspective de la charpente en fer d'une tente prussienne pour 12 lits.

qui vient se fixer dans des plaques cruciformes qui

reposent sur le sol *ggg*. A la partie supérieure sont fixées, à charnière, des petites tringles en fer *bbb*, qui servent de bras de force, pour relier les poinçons avec le faîtage ;

4° De trois pièces en fer forgé qui viennent se fixer sur les trois poinçons. Ces pièces se terminent à la partie supérieure par une tige en fer qui doit supporter les drapeaux. Elles portent sur les faces latérales deux mortaises dans lesquelles viennent s'assembler les arbalétriers ; et sur les autres faces des enfourchements dans lesquels on fixe la barre de faîtage *hh* ;

5° De six barres *dddd* qui forment les arbalétriers, et qui s'assemblent au poinçon dans une mortaise et sur les montants des faces latérales ;

6° De dix petites barres *eee* qui reposent à la partie inférieure sur une plaque en croix posée sur le sol, et dont la partie supérieure est terminée par une tîge taraudée ;

7° De deux barres *ff* articulées à charnières, en quatre parties chacunes, formant les traverses supérieures des faces latérales, dans lesquelles sont percés des trous correspondants aux montants *eee* ;

8° De trois grands cordages avec raidisseurs à chaque extrémité et trois grands piquets ferrés ;

9° De trente-deux petits cordages avec raidisseurs en bois et 32 piquets en bois ;

10° De quarante-huit petits piquets qui servent à fixer au sol la partie inférieure de la toile formant les faces latérales de la tente ;

11° De dix glands que l'on visse à la partie supérieure des montants des faces latérales;

12° De trois drapeaux dont deux internationaux et un prussien;

13° De deux poinçons en fer et des crochets.

MONTAGE DE LA TENTE (1).

Pour emplacement on choisit généralement un sol sec, ferme et résistant, légèrement incliné pour faciliter l'écoulement des eaux pluviales. On orientera la tente de manière que le vent qui règne le plus ordinairement dans la contrée la coupe diagonalement.

Pour le montage de la tente il faut un sous-officier et sept hommes que l'on divise en deux escouades :

La 1re, composée du sous-officier et de cinq hommes;

La 2e de deux hommes.

1re ESCOUADE.

La 1re escouade s'occupe spécialement de la construction de la charpente en fer.

Pour cela, on trace le grand axe de la tente; on assemble d'abord chaque ferme horizontalement sur le sol, on visse aux pieds de tous les poteaux les

2e ESCOUADE.

La 2e escouade enfonce les grands piquets, deux en prolongement de la ferme du milieu, et les autres en prolongement des faces latérales, en avant des pignons.

(1) Dans cette instruction, destinée surtout aux soldats, le montage de la tente comprend une foule de détails qui forment une théorie militaire que nous n'avons pas cru devoir reproduire *in extenso*.

plaques triangulaires qui doivent reposer sur le terrain, on pose sur le sol les tringles des faces latérales ainsi que les poteaux à leurs distances respectives.

La 1re escouade étale la couverture en toile et fixe les cordages sur les barres et sur les piquets fichés en terre.

La 2e escouade pose la charpente des faces latérales et les plaques triangulaires du pied des montants.

On place ensuite un homme en face de chaque pièce de la charpente, et on procède avec ensemble au levage général; puis on place la toile fermant la couverture.

La 1re escouade pose les piquets des faces latérales et fixe les cordages aux courroies de la couverture et aux piquets fichés dans le sol.

La 2e escouade fixe la toile des faces latérales à l'intérieur de la charpente et attache le bas à des petits piquets enfoncés dans la terre.

Lorsque tout est terminé, on creuse autour de la tente un petit fossé pour faciliter l'écoulement des eaux, et on recouvre le sol intérieur avec une couche de 10 centimètres de gravier sec.

EMPLOI DE LA TENTE.

On place six lits de chaque côté, à un pied de distance des faces latérales, en sorte qu'il reste au milieu un passage de 6 pieds de largeur. La tête du lit est près de la paroi de la tente; la distance entre deux lits est de 40 centimètres.

La nuit, et lorsqu'il pleut, on devra relâcher les raidisseurs parce que la rosée et la pluie font que la toile se retire ; trop fortement tendue, elle se déchirerait inévitablement.

REMISE EN MAGASIN.

On ne doit rentrer la tente en magasin qu'après s'être assuré que la toile est parfaitement sèche.

Chaque partie de toile est alors roulée de manière que la bande goudronnée soit à l'extérieur. On pose ensuite les rouleaux sur des tablettes en bois, à une distance de six pouces l'un de l'autre. On aura soin de les visiter de temps en temps et de s'assurer que les barres de fer ne se rouillent pas.

DESCRIPTION D'UNE BARAQUE POUR 30 MALADES.

L'orientation de la baraque doit être telle que l'un des grands côtés regarde le sud ou le sud-est. On choisira un terrain sec où l'air puisse circuler librement. Sur l'emplacement que doit occuper la baraque, on enlèvera le gazon s'il y en a, et on le remplacera par une couche de gravier ou de crasse de houille d'un 1/2 pied de hauteur.

On établit ensuite trois lignes de dés en maçonnerie *aaa*, élevées d'un pied au-dessus du sol et d'un pied de côté, et espacés entre eux d'axe en axe de 4 pieds dans le sens de la longueur et de 10 pieds dans le sens de la largeur.

En sorte que le bâtiment aura 88 pieds de longueur

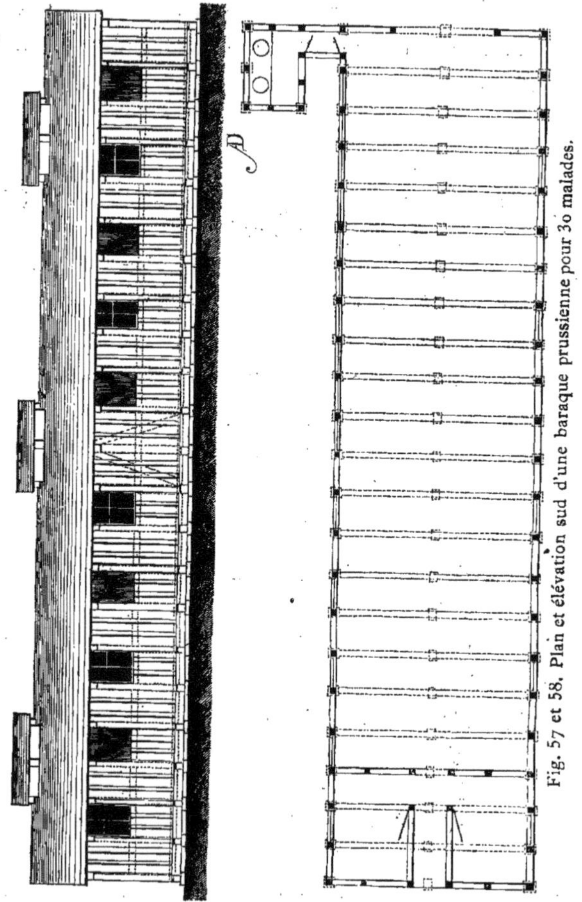

Fig. 57 et 58. Plan et élévation sud d'une baraque prussienne pour 30 malades.

sur 21 de largeur et reposera sur 69 dés en maçonnerie.

Sur ces dés on posera horizontalement des poutres transversales qui formeront les lambourdes du plancher, et des sablières sur lesquelles reposeront les faces

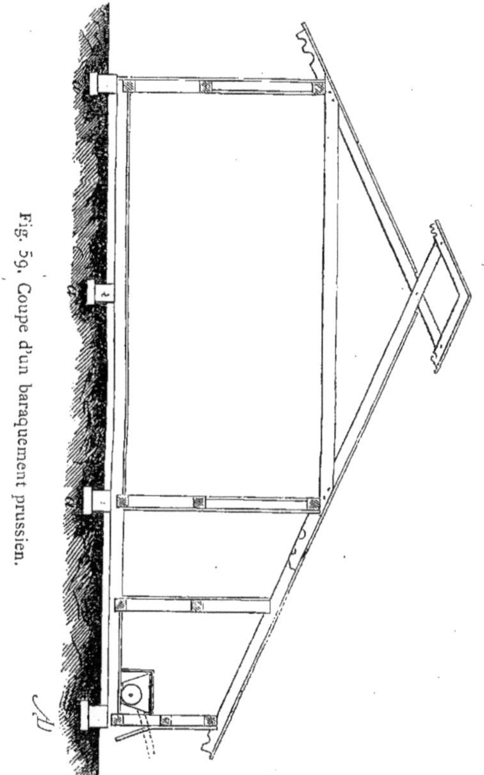

Fig. 59. Coupe d'un baraquement prussien.

latérales; ces faces latérales auront 10 pieds de hauteur. Les faces extérieures de la baraque seront formées d'une charpente en bois avec poteaux et traverses sur lesquelles on clouera verticalement des planches à recouvrement.

Le faîtage sera élevé de 15 pieds au-dessus du plancher; dans la longueur on réservera sur ce faîtage trois ouvertures pour la ventilation.

La couverture sera formée d'un lattis en planches de sapin de 1 pouce d'épaisseur, sur lequel on posera du carton bituminé (feutre asphalté) que l'on blanchira à la chaux pendant les fortes chaleurs.

La couverture saillira de 1 pied à 1 pied 1/2 sur tout le pourtour du bâtiment.

Dans le pignon Ouest on réservera une porte de 4 pieds sur 7 pieds de hauteur; dans celui Est, une porte de 10 pieds de largeur sur 10 pieds de hauteur. Chaque face latérale sera percée de dix fenêtrès de 4 pieds sur 6 de hauteur, à 4 pieds au-dessus du sol. Sur la face Sud, six fenêtres seront fermées au moyen de croisées avec rideaux, les quatre autres le seront simplement au moyen d'un store en toile à voile; sur la face Nord toutes les fenêtres auront des croisées vitrées. Toutes les croisées et les portes s'ouvriront en dehors.

Devant chaque porte, à l'intérieur, on disposera une portière en toile pour éviter les courants d'air.

Près du pignon Ouest, on établira deux cabinets, l'un destiné à la lingerie, l'autre au logement des infirmiers et pour la préparation des médicaments. Ces cabinets seront fermés, à la hauteur de 7 pieds, par un plancher formant un faux grenier, sur lequel on peut faire des dépôts divers.

Les lieux d'aisances seront reportés sur la face Nord, dans un cabinet spécial construit extérieurement. Ils communiqueront avec l'intérieur de la salle par un corridor fermé par des doubles portes.

Les matières fécales seront reçues dans une espèce d'auge en bois goudronnée, montée sur deux roues, que l'on retirera par l'extérieur, après l'avoir désinfectée et fermée au moyen d'un couvercle goudronné.

Avant de replacer ce récipient après la vidange pour le désinfecter, on le remplira au quart avec le mélange de l'architecte Suvern.

On peut poser la baraque directement sur le sol, si le temps ou les matériaux manquent pour faire construire les dés de fondation, mais à la condition d'y répandre au préalable une couche épaisse de gravier ou de crasse de forge.

La cuisine doit se placer dans un bâtiment séparé.

Si l'on dispose de couleurs à la détrempe, on badigeonnera la baraque.

Nous terminerons ce chapitre en donnant une lettre émanant du ministre de la guerre Prussien. Cette lettre complète les instructions relatives à l'installation des tentes. Comme nous l'avons dit en commençant ce chapitre, nous ne les avons reproduites qu'en substance, pour ne pas fatiguer le lecteur. Mais nous devons ajouter que rien n'est laissé au hasard dans ces instructions, que tout y est prévu et décrit avec un soin remarquable, qui en fait une véritable théorie militaire. Quelles que soient la haine et la répulsion que nous éprouvons pour cette nation sans générosité et froidement implacable, nous devons reconnaître dans tous les détails de ses services militaires une supériorité incontestable, et qui, il ne faut pas se le dissimuler, a été pour beaucoup dans ses succès.

A l'œuvre donc ! et notre infériorité disparaîtra promptement. La France aura bientôt reconquis la place qu'elle n'aurait jamais dû perdre parmi les nations civilisées, si elle avait secoué plus tôt le joug du régime énervant de l'Empire.

Berlin, le 3 juin 1868.

« On informe l'Intendance Royale que, d'accord avec le médecin de l'état-major général, on a pris la décision suivante :

» Non-seulement il n'est pas nécessaire de faire un plancher dans les tentes destinées aux malades, puisque les tentes ne doivent servir que temporairement; mais ce plancher est absolument inutile, surtout si le sol sur lequel la tente est établie est surélevé et sablonneux. Ce plancher sera avantageusement remplacé par une couche de sable fortement tassée, que l'on renouvellera si la tente doit servir plus de quatre semaines.

» *Le Ministre de la guerre,*

» Von Stosch.

» Département d'économie militaire,

» Mand. »

XXXI

Organisation administrative des Ambulances temporaires.

Aux termes du traité passé entre l'Intendance militaire et la ville de Metz, celle-ci devait construire et administrer une ambulance de 2,050 lits à créer sur un emplacement à déterminer, pour recevoir les blessés et les malades de l'armée du Rhin, évacués dans ses murs. Elle devait aussi faire toutes les avances d'argent, sauf à en être remboursée dans la suite par le Gouvernement français, sur la présentation des mémoires acquittés. Le matériel d'ameublement devait être fourni par l'Intendance, et le service médical était assuré par tous les médecins civils engagés à l'avance.

Dans l'impossibilité où l'on s'est trouvé, dès les premiers jours, de rencontrer une personne qui voulût bien se charger de la direction générale de l'établissement et en prendre la responsabilité, quatre citoyens généreux et dévoués se mirent gratuitement à la tête de l'administration de l'ambulance temporaire du Polygone, y consacrèrent tout leur temps, la dirigèrent jusqu'au moment de son évacuation complète et en liquidèrent ensuite tous les comptes.

Ce sont MM. Noblot et Emile Sturel, membres du Conseil municipal, et MM. Emile Michel et Laurent.

A partir du 4 août, on sait avec quelle rapidité les événements se précipitèrent ; l'hôpital, à peine construit, recevait, après le 18 août, plus de 2,200 blessés. Il fallut pourvoir à tout : grâce à l'énergie des administrateurs et au bon vouloir de chacun, les services s'improvisèrent assez rapidement et furent en quelques heures en mesure de répondre aux besoins les plus pressants. Quelques jours après, ils fonctionnaient régulièrement et étaient définitivement organisés.

M. Emile Sturel, l'un des administrateurs, a bien voulu nous décrire cette organisation si simple, improvisée en quelques jours, et qui a donné les meilleurs résultats, bien qu'elle fût réduite aux écritures strictement nécessaires, et qu'elle ait été dépourvue de tout l'appareil bureaucratique dont on abuse trop souvent en France, sous prétexte de contrôle.

ADMINISTRATION GÉNÉRALE DE L'AMBULANCE.

Deux administrateurs, membres du Conseil municipal ;

Deux administrateurs adjoints, pris en dehors du Conseil.

Les administrateurs se partageaient la surveillance et la direction de tout le service : l'un était spécialement chargé de l'organisation et de la surveillance de la comptabilité; l'autre avait dans ses attributions l'inspection et la surveillance du service des salles; le troisième devait pourvoir aux approvisionnements de toutes natures nécessaires à l'alimentation des malades et du personnel, ainsi qu'aux approvisionnements indispensables au service de la lingerie; le quatrième avait pour mission de s'occuper de l'aménagement intérieur et du mobilier des salles des malades, des magasins, de la cuisine, des bureaux, etc., et du service général de la salubrité.

Un employé, auquel on pourrait donner le nom de directeur, avait la haute main sur les employés de tous les services; il devait exercer une surveillance constante sur l'ensemble du personnel, et était chargé de veiller à l'exécution des mesures ordonnées par l'administration, qu'il était appelé à suppléer au besoin.

Cet employé était secondé dans son service de surveillance générale par deux autres placés sous ses ordres, qui étaient spécialement chargés de veiller sur tout le personnel des infirmiers attachés aux salles de malades.

SERVICE MÉDICAL.

Un médecin en chef,
Quinze médecins,
Dix aides-médecins.

Le médecin en chef chargé de la direction générale et de la distribution du service médical a fait lui-même le règlement relatif à l'ambulance du Polygone.

Liste des Médecins.

MM.	Isnard,	médecin en chef (1),	de Metz.
	Bamberger,	médecin traitant,	de Metz.
	Bar,	id.	de Gorge.
	Degott,	id.	de Metz.
	Didion,	»	de Metz.
	Grandjean,	»	de Metz.
	Harzé,	»	de Belgique.
	Mahalin,	»	de Metz.
	Maillard,	»	de Corny.
	Marchal, Charles,	»	de Mondelange.
	Marchal, Eugène,	»	de Metz.
	Michaux,	»	de Metz.
	Ozanneau,	»	de Metz.
	Rosmann,	»	de Metz.
	Toussaint,	»	de Metz.
	Vigneau,	»	Ces quatre médecins ont été adjoints ultérieurement aux autres et ont remplacé successivement les vides qui se sont produits dans le personnel médical.
	Cavesme,	»	
	Bernard, médecin militaire,		
	Deux autres id.		

(1) M. le Dr Isnard, ancien médecin principal des armées, officier de la Légion d'honneur, membre de la Société de chirurgie, ancien professeur à l'hôpital militaire de Metz, dirigea le service médical des Ambulances de Brescia pendant la campagne d'Italie. Cet habile praticien, bien connu par ses travaux dans le monde chirurgical, fut désigné à l'unanimité par les médecins de Metz, réunis à l'Hôtel de Ville, comme médecin en chef de l'ambulance du Polygone. Il dirigea ce service médical depuis le 1er août jusqu'au 28 novembre avec un talent et un zèle au-dessus de tout éloge et faillit être victime de son dévouement. Aussi, après l'évacuation de l'ambulance, les médecins traitants et leurs aides, en reconnaissance des services rendus par M. Isnard, se réunirent pour offrir un souvenir de reconnaissance à leur maître vénéré.

Aides-médecins.

MM. Crosse, Ménard, Pratt, Fournier, Fouquet, Murisier, Guével, Lombard, Félizet, Mangenot.

SERVICE PHARMACEUTIQUE.

Un pharmacien en chef,
Un pharmacien major,
Un maître pharmacien,
Quatre élèves en pharmacie :

MM. Dieu, chef (1) ;
Lisse, major;
Humbert, maître ;
Laurier, élève ;
Willemin, id.
Gille, »
Knecht, »

Nota. — Les pharmaciens de la ville avaient formé entre eux une association pour livrer toutes les drogues nécessaires à la pharmacie de l'ambulance du Polygone; M. Géhin, Conseiller municipal, avait accepté la mission de pourvoir à cet approvisionnement. C'est lui qui a fait les commandes, qui a reçu les marchandises et qui les a contrôlées ; c'est lui aussi qui a fait ordonnancer les mandats de payement.

La comptabilité de la pharmacie a été tenue d'après les réglements et les principes en usage dans les hôpitaux militaires français.

SERVICE DES SŒURS HOSPITALIÈRES ET DES DAMES QUI LEUR ÉTAIENT ADJOINTES.

La maison-mère des sœurs de St-Vincent de Paul de Paris avait mis à la disposition de la ville de Metz, sur la demande de son maire, M. Félix Maréchal, seize

(1) M. le Dr Dieu, ancien pharmacien principal des armées, officier de la Légion d'honneur, voulut bien se charger de la direction du service pharmaceutique et s'en acquitta avec un zèle et un dévouement remarquables.

sœurs, y compris la supérieure, pour faire le service hospitalier de l'ambulance du Polygone. L'administration générale ne peut trop louer le dévouement sans borne de ces excellentes femmes, et ne saurait leur être trop reconnaissante des bons soins de toutes sortes qu'elles lui ont rendus, tant pour la surveillance exercée par elles sur l'ensemble des services que pour leur coopération à leur direction. Chaque sœur avait en moyenne dans ses attributions le service de deux salles de malades ; une d'elles était chargée de la surveillance de la cuisine ; une autre avait la haute direction de la lingerie. Elles ont suffi à tout, leur zèle ne s'est pas démenti un seul instant, et toujours elles ont été à la hauteur de la tâche difficile et pénible qu'elles avaient entreprise avec tant d'abnégation.

Des dames de Metz se partageaient le service avec les sœurs hospitalières et leur venaient en aide, elles leur étaient pour ainsi dire adjointes : elles tenaient le cahier à la visite des médecins, surveillaient la distribution des remèdes et des aliments, et apportaient aux malades toutes sortes de soulagements par l'empressement qu'elles mettaient à leur procurer des douceurs et à prévenir leurs moindres désirs.

Liste des sœurs de Saint-Vincent-de-Paul qui étaient au Polygone, en août, septembre et octobre.

Sœurs Sabatier, supérieure ; Bonnecaze, Lassère, Milhe, Dumerle, Besnier, Chalchat, Guillaumé, Poirel, Viacrozé, Valette, Mespouliès, Faure, Boucher, Canet, Four.

Liste des dames de Metz qui ont fréquenté assidûment l'Ambulance du Polygone, et qui étaient adjointes aux sœurs de Saint-Vincent-de-Paul.

Mesdames Emilien Bouchotte, Collignon, Groselande, Doisy, Aubrion, Vacca, Desiré Lévy, Gelinet, Morel.

Mesdemoiselles Bach, Gontier, Toussaint, Schmitt, Bouvier, Dumagnou, Taite, Couturier.

SERVICE D'UNE SALLE DE 50 MALADES.

Un médecin, pour deux salles;

Une sœur de Saint-Vincent-de-Paul, assistée d'une dame de la ville, pour deux salles;

Un brigadier infirmier;

Trois ou quatre infirmiers, suivant les besoins de la salle.

SERVICE DES SALLES D'AMPUTATION ET DE LA SALLE DE DISSECTION.

Un brigadier infirmier;

Quatre ou cinq infirmiers.

Le brigadier était spécialement chargé de transmettre à qui de droit les ordres émanant du médecin en chef; il avait sous sa garde les instruments de chirurgie, veillait à l'entretien et à l'arrangement des salles d'opération, de la salle destinée à la réunion des médecins, des chambres des médecins de garde, du médecin en chef; il assistait également avec ses infirmiers aux opérations et aux autopsies, et faisait transporter par eux les morts à la salle de dissection, et de là au cimetière.

BUREAU DE LA COMPTABILITÉ GÉNÉRALE

Un chef de bureau,
Un sous-chef,
Deux employés aux écritures,
Un garçon de bureau.

L'Administration municipale, d'après son marché avec l'Intendance militaire, devait être remboursée par l'état des dépenses de toute nature qu'elle serait obligée de faire pour l'ambulance du Polygone; il s'agissait donc d'établir régulièrement le compte de chaque fournisseur, les états de paye de tous les agents et employés, en un mot de faire exactement le compte de chacun. C'est dans ce bureau que venaient se concentrer toutes les opérations relatives aux dépenses de quelque nature qu'elles fussent, et que les pièces de comptabilité devaient être établies d'une manière régulière pour être ensuite adressées à l'Administration municipale qui, sur le visa d'un de ses administrateurs, ordonnançait les mandats de payement que le receveur municipal était chargé de solder aux ayants droits.

Le mode de comptabilité adopté était celui en usage dans presque toutes les maisons de commerce; un journal et un grand livre tenus continuellement à jour ont suffi à tous les besoins et à toutes les exigences de ce service, qui n'a rien laissé à désirer.

SERVICE DE LA DÉPENSE.

Un employé chef de service,

Un sous-chef,

Trois ou quatre aides.

Ce service très-important avait à sa tête un employé honnête, intelligent et laborieux, sur la probité duquel on pouvait entièrement se reposer. C'est à la *Dépense* que les approvisionnements et les fournitures de toutes sortes étaient déposées et que les factures étaient contrôlées et vérifiées, et c'est par la dépense que les produits multiples déposés dans ses magasins étaient distribués à tous les services de l'ambulance.

Le mode de comptabilité qui a été adopté et suivi est excessivement simple; il consiste dans la tenue d'un livre d'entrées et d'un livre de sorties; le compte de l'un doit balancer le compte de l'autre, et le comptable doit produire les pièces justificatives à l'appui de toutes ses opérations.

SERVICE DE LA CUISINE.

Un chef cuisinier,

Deux sous-chefs,

Six ou huit aides, suivant les besoins.

Une sœur exerçait une surveillance continuelle sur ce service, elle assistait et veillait à toutes les distributions. Il y avait aussi un gardien spécialement chargé d'éloigner de la cuisine les malades et les infirmiers ou employés de l'Ambulance qui n'avaient rien à y faire.

SERVICE DE LA LINGERIE.

Une sœur de Saint-Vincent-de-Paul avait sous sa

direction les magasins, l'atelier de ravaudage et le dépôt aux linges sales.

Le personnel des magasins se composait de la manière suivante :

Un comptable,

Quatre ou cinq ouvrières.

Ces ouvrières étaient employées à démêler le linge, à le plier, à rouler les bandes et à caser le tout par catégories dans les magasins afin d'y mettre l'ordre indispensable à ce genre de service.

Le comptable inscrivait les entrées et les sorties des magasins et vérifiait les comptes du buandier.

A la tête de l'atelier de ravaudage, il y avait une ouvrière habile qui dirigeait six, huit ou dix autres ouvrières, suivant les besoins du moment. Cet atelier s'occupait également de la transformation des objets de lingerie impropres à l'usage auquel ils étaient destinés, et qui pouvaient être avantageusement utilisés d'une autre manière.

Le dépôt aux linges sales était confié à un homme qui avait pour mission de démêler le linge par catégories pour le livrer au buandier, qui venait le prendre tous les jours. Deux femmes avaient pour mission de nettoyer les linges à cataplasmes pour pouvoir les donner au buandier et ensuite les utiliser de nouveau pour le même usage. Les linges sales provenant des salles de l'ambulance étaient apportés en dépôt par les hommes de l'atelier chargés de la salubrité de l'établissement.

BUREAU DES ENTRÉES.

Un chef de bureau,
Un sous-chef,
Quatre employés,
Un vaguemestre,
Deux plantons,
Un garde magasin,
Un portier.

Ce bureau est chargé spécialement :

1° De l'enregistrement des entrées et des sorties des malades ;

2° De l'enregistrement des dépôts de vêtements, d'armes, de valeurs, etc. ;

3° Du registre de l'Etat civil de l'établissement.

Nota. — La comptabilité suivie a été celle présentée par l'Intendance militaire ; c'est la même que celle de tous les hôpitaux militaires français.

SERVICE DE SALUBRITÉ.

Une escouade de cinq ou six manœuvres, dirigée par un employé de la ville, avait pour mission l'enlèvement de tout le linge sale provenant des salles des malades, le transport de ce linge au dépôt, le balayage des cours et des cabinets d'aisances, enfin toute main-d'œuvre relative à l'entretien de la propreté dans toutes les parties de l'établissement.

Les immondices des cours, les résidus et les détritus de cuisines, etc., étaient enlevés chaque jour par des tombereaux et étaient transportés au loin dans les dépôts des immondices de la ville ; la vidange des fosses mobiles était faite également chaque jour par un entrepreneur spécial chargé de ce service, qui est de nécessité absolue.

SERVICE DE L'AMÉNAGEMENT INTÉRIEUR DE L'AMBULANCE.

Un chef ouvrier intelligent, avec un atelier composé d'ouvriers de différentes professions, tels que charpentiers, menuisiers, serruriers, vitriers, manœuvres, etc., était continuellement occupé à l'amélioration de l'aménagement intérieur et extérieur de l'établissement ; tous les jours il fallait pourvoir aux besoins multiples commandés, soit par les circonstances pour le bien-être des malades, soit par les circonstances des divers services dont il fallait assurer ou faciliter le fonctionnement.

SERVICE DES OMNIBUS.

Le Polygone d'artillerie était assez éloigné du centre de la ville ; pour obvier à cet inconvénient, un service d'omnibus fut créé. Deux voitures, l'une pour les médecins et les employés attachés à l'établissement, l'autre pour les sœurs et les dames de la ville qui voulurent bien prêter leur concours, partaient de la place d'armes, deux fois par jour, le matin à sept heures et le soir à trois heures, pour rentrer en ville, les premières à dix heures du matin, les deuxièmes à six heures du soir.

Nota. — Indépendamment des divers services dont il vient d'être question, l'Administration supérieure, en raison de la distance à laquelle se trouvait l'ambulance du Polygone par rapport à la ville, a créé un service particulier pour porter les dépêches, les ordres, les commandes, et pour assurer l'arrivage à l'établissement de toutes les fournitures et approvisionnements nécessaires au fonctionnement régulier de l'ambulance. Ce service se composait d'un commis à cheval qui faisait toutes les courses et toutes les démarches qui lui étaient commandées, et d'une escouade de cinq ou six hommes conduisant un camion ou accompagnant une voiture pour aller en ville chercher les objets de toute nature de consommation ou de mobilier nécessaires et indispensables, et qui, sans l'organisation de ce service, auraient souvent fait complètement défaut.

Comme on le voit, cette organisation était des plus simples : partout, à la tête de chaque service, un chef responsable, au-dessus une surveillance active exercée par des hommes honorables dévoués à l'œuvre ; une comptabilité très-simple contrôlée chaque jour. Si l'on ajoute à cela le concours désintéressé et empressé des sœurs de Saint-Vincent-de-Paul et des dames de la ville, on s'expliquera assez facilement comment avec un personnel assez restreint et inexpérimenté on est arrivé à conduire à bonne fin et sans trop de difficultés l'œuvre à laquelle nous nous étions dévoués.

Nous aurions vivement désiré compléter ce chapitre par des prix de revient, de nourriture, de blanchissage, etc. ; mais les conditions anormales dans lesquelles nous avons été placés par suite du blocus font que les chiffres que nous avons entre les mains ne peuvent être considérés comme représentant une dépense normale, et qu'ils sont par conséquent dépourvus de tout intérêt.

XXXII

Organisation de la lingerie dans les Ambulances temporaires.

Madame EMILIEN BOUCHOTTE, déléguée par le Comité des Secours aux blessés pour la surveillance et l'organisation de l'ambulance du Polygone, après s'être acquittée du service qui lui était confié avec un zèle et une habileté au-dessus de tout éloge, a bien voulu nous faire profiter de l'expérience qu'elle avait acquise dans ces douloureuses circonstances, en écrivant, pour notre livre, les chapitres XXXII, XXXIII et XXXIV, qui traitent de la lingerie, des linges à pansements et du service de la cuisine. Nous lui témoignons ici notre profonde reconnaissance.

Une des choses les plus utiles, et dont la préparation restera toujours du domaine de la femme, est, en temps de guerre, l'organisation des lingeries. La ville de Metz, en présence des évènements qui se préparaient au mois de juillet 1870, fit appel au dévouement de tous, pour réunir le plus de ressources possibles en fait de linge, et pour en assurer la convenable préparation. La France ne pourra jamais garder trop de reconnaissance à cette malheureuse ville, qui, du 14 au 18 août,

16

vit tout-à-coup ses établissements puis ses maisons occupés par 22,000 blessés, et qui, bien que bloquée, sût, grâce aux efforts de chacun, donner à ces malheureux, sinon l'abondance du linge, au moins le nécessaire. On fut donc à la hauteur de l'immense tâche que des catastrophes successives avaient amenée, et quoique privées des secours promis et ardemment désirés, les femmes de Metz, par leur incessante activité, purent arriver à être au niveau des besoins qui s'étaient révélés dans une proportion inattendue.

Dans cette circonstance, comme en tout événement imprévu, quelques écoles sont toujours faites ; aussi ne sera-t-il peut-être pas inutile de conserver la trace des dispositions prises et à prendre, si le terrible fléau de la guerre forçait un jour notre pays à faire un nouvel appel au bon vouloir de ses enfants.

La première chose à observer lorsqu'on s'adresse, en ces circonstances, à la générosité publique, est d'avertir et de prier les personnes qui font des dons de linge de vouloir bien ne jamais découper ni draps, ni serviettes, ni mouchoirs. Ces objets, en quelque mauvais état qu'ils soient, sont toujours infiniment plus utiles entiers que modifiés, au moins pendant les premiers moments d'arrivée des blessés, et on a le temps de les changer plus tard. Que l'on ait de même la précaution de ne pas découper les chemises d'homme ou de femme, mais bien de les apporter à l'ouvroir où on les réparera suivant les besoins. Les personnes, non averties, trouvant leur linge usé, le préparent en bandes, compresses, charpie, et privent ainsi l'ambulance d'une immense ressource.

Chemises. — Les chemises neuves se font, comme toujours, naturellement d'une façon aussi simple que possible ; quant aux vieilles, on les répare au mieux ; les chemises de femme se convertissent en chemises d'homme à l'aide d'une pièce d'épaule montant au cou et nouée par un ruban, et de longues manches que l'on ajoute lorsqu'elles en sont dépourvues. On prend aussi un certain nombre d'entres elles qu'on coupe du haut en bas, par derrière ou par devant, modifiant la pièce d'épaule, de façon à ce que la chemise se noue devant ou derrière la tête, suivant l'ouverture. Ces chemises sont destinées aux blessés dont les pansements se font dans le dos ou sur la poitrine, elles sont très-utiles ; il en faut un certain nombre.

Caleçons, chaussettes. — Les caleçons et chaussettes se raccommodent pour le mieux, et neufs s'achètent, les premiers en toile ou tricot de coton, les autres en laine ou en coton.

Mouchoirs. — Les mouchoirs doivent surtout être achetés de couleur et de qualité commune, ils sont presque tous perdus : les blancs ne se donnent qu'aux officiers ; c'est le plus petit nombre.

Vieux linge. — Quant aux vieilles serviettes, on les met, ainsi que les vieux mouchoirs et les vieux draps, en paquets soigneusement étiquetés, avec l'indication : *Vieux linge*.

Taies d'oreillers. — Les taies d'oreillers se préparent en quantité relativement faible, on ne donne d'oreillers qu'aux officiers et aux grands blessés.

Tabliers divers. — Enfin viennent les tabliers de sœurs, de médecins et d'infirmiers, plus les tabliers pour la cuisine. Les premiers sont connus, les derniers aussi. Ceux de médecins avaient été d'abord faits blancs, ayant un cordon attaché aux deux coins de la bavette et passant autour du cou : peu à peu on y a renoncé pour les faire tous, comme ceux des infirmiers, en bonne toile bleue ; les taches de sang, de nitrate d'argent, etc., y laissaient moins de traces ; on mettait une boutonnière à la bavette, permettant d'attacher celle-ci à un bouton de l'habit. Les médecins recommandaient seulement de les faire très-longs, 1^m,30 au moins sans la bavette, avec une poche de devant très-large et très-profonde. Deux cordons attachés à la taille et longs d'un mètre chacun permettaient de les nouer.

Nécessairement ces confections et raccommodages ne s'effectuaient pas sans donner une certaine quantité de morceaux ; on les recueillait précieusement, surtout ceux de linge fin, et on ne faisait de la charpie qu'avec ce qui était hors d'usage.

Dès que le linge est préparé et qu'on ouvre les ambulances, il est urgent de donner à chacune de celles-ci tout ce qui lui sera nécessaire en raison du nombre maximum d'hommes qu'elle doit recevoir. Par ce moyen seulement on pourra exiger de chaque établissement un contrôle sur l'entrée et la sortie du linge, et obtenir des infirmiers une surveillance qui est indispensable pour que les pertes de matériel ne soient pas trop considérables. La ville de Metz s'étant chargée de l'administration de l'ambulance temporaire du Polygone, et celle-ci ayant produit les meilleurs résultats, ce sera d'elle dont il sera donné le fonctionnement.

Une chose indispensable pour une lingerie d'ambulance, c'est d'avoir un local vaste, bien aéré, sec et disposé de façon à ce que le linge prêt à être employé ne se trouve pas dans l'emplacement de celui qu'on raccommode, car ce linge, après quelque temps d'usage, garde, malgré toutes les précautions, une odeur qui, surtout pour la charpie, absorbant facilement les miasmes, devient un foyer d'infection. Les vastes salles du Polygone donnaient toutes les facilités à cet égard, et ont permis d'y disposer tous les services.

La lingerie fut séparée en deux par une cloison, avec une porte au milieu. Une grande et large table occupait la longueur de ces pièces, laissant une place commode pour la circulation. Autour de ces salles régnait une tablette d'environ un mètre de large, séparée de distance en distance par des planches transversales, formant de vastes cases ayant deux rayons superposés de $0^{m},50$ de profondeur. C'était là que se déposait le linge par catégories d'objets. Les chemises occupaient trois cases: 1° Les chemises portant un numéro matricule, apportées par le soldat ou fournies par l'Intendance; 2° les chemises d'hommes ordinaires; 3° les chemises de femmes préparées et les vieilles. Les caleçons étaient aussi divisés comme tous les effets militaires, en numéros matriculés et non matriculés. Tous les objets étant bien placés dans leurs cases respectives, on avait sous la main ce qui était destiné au service journalier. Deux jeunes filles roulaient les bandes, quatre ouvrières pliaient les effets en bon état.

La seconde salle renfermait, sur la grande table du milieu, les couvertures de réserve, oreillers, traversins, toiles à paillasses; tout autour les cases contenaient le linge de provision, la toile non coupée, les coussins de membres, les paquets de ouate, les rouleaux de toile cirée, les effets militaires, les draps, etc.; au-dessous de la tablette étaient les chaussures, souliers, babouches; enfin cette salle était le véritable magasin de ressources pour les effets que l'on ne mettait en circulation que lorsque le blanchissage se faisait attendre ou que les blessés arrivaient plus nombreux.

Voici les quantités d'objets de vêtements nécessaires dans une ambulance :

Chemises	par homme	3 sans les vieilles ou modifiées.
Draps	id.	3 paires sans les vieux.
Caleçons	id.	1 sans le vieux.
Bonnet de coton	id.	1
Chaussettes	id.	2 paires.
Chaussures	id.	1 paire sans les babouches.

Tabliers blancs, quelques douzaines.
Tabliers bleus de médecins et infirmiers, 3 par individu.
Tabliers de cuisine, quelques douzaines.

Les draps neufs avaient la dimension des draps d'hôpitaux; ceux qui avaient été donnés étant de grandeurs diverses, on réservait les meilleurs et les plus grands pour la salle des officiers; les vieux servent en cas d'hémorrhagie et mille autres accidents qui rendent leur emploi d'un secours inappréciable; il en est de même des vieilles serviettes. Quant aux serviettes neuves, il n'y en avait pas beaucoup. Celles de toilette se mettaient dans les cabinets de médecin, on en donnait quelques unes dans chaque baraque à l'infirmier chef ou à la sœur. Dans la salle des officiers, les malades avaient la leur. Celles de table se donnaient aussi à chacun d'eux et servaient pour les repas des personnes attachées à l'établissement. Les mouchoirs de couleur se perdaient en grand nombre dans les salles de soldats : souvent il fallait avoir l'air de les refuser et d'accorder une faveur en en donnant quelques uns, afin d'inspirer aux malades un peu plus d'esprit d'ordre; mais on y parvenait difficilement.

Quant aux mouchoirs blancs, lorsqu'ils étaient hors de service, on en ôtait les ourlets et on en faisait des compresses fenestrées. Ce genre de compresses, pour lequel on employait les vieux linges, devient d'un emploi considérable lorsque les blessures entrent en suppuration : elles ne servent qu'une fois, il faut s'en assurer une certaine provision. L'ambulance avait une machine pour les faire à l'emporte-pièce, et de plus des blessés avaient appris à en couper, de même à arranger la charpie et les bandes. Il y a eu des salles qui préparaient en nombre suffisant de ces objets pour leur entretien. Les malades s'en amusaient et paraissaient heureux de rendre ces petits services.

Lorsque le linge fut bien disposé dans la lingerie et le magasin, il y eut deux choses à organiser : le soin de l'entretien, la distribution dans les salles. Voici ce qui fut fait.

L'Ambulance comptait 30 baraques ; chacune d'elles avait son numéro. Un brigadier chef fut pris, on lui remit deux paniers, plus une boîte à pansements, comme en ont les hôpitaux, portant, collé au couvercle, tout ce qui devait chaque matin s'y trouver pour la visite du médecin. Une des corbeilles était destinée au linge propre ; l'autre, plus grande et plus commune, au linge sale ; le tout numéroté comme la salle. L'infirmier arrivait à la lingerie avec un papier indiquant le nombre de malades de la salle ; on lui remettait bandes, compresses, bandages, charpie, en nombre suffisant pour la visite du médecin. Après les pansements il faisait le relevé de ce qui lui restait, et comme c'est à peu près chaque matin la même quantité qui est nécessaire, on savait pour ainsi dire à l'avance, au bout de quelques jours, la quantité d'objets de pansements réclamés pour chaque salle.

Quand le médecin désignait un blessé devant se lever ou ayant besoin de vêtements exceptionnels, comme caleçons, ceinture de flanelle, chaussettes ou babouches, l'infirmier en prenait note à la visite, et arrivait avec ce billet à la lingerie, où un employé, préposé à cette occupation, inscrivait sur un registre le numéro de la salle, les effets livrés et le numéro matricule de l'homme à qui ils étaient remis. On connaissait ainsi l'emploi fait, et ce soin facilitait les recherches en cas d'erreur ou d'effets perdus. Il en était de même pour les draps, couvertures, etc. Aussitôt la visite médicale terminée, les infirmiers ramassaient soigneusement le linge sale de toutes sortes, et le portaient à la baraque qui le renfermait Là un employé recevait les corbeilles et un contrôle s'opérait.

Venait le blanchisseur. Celui-ci prenait, après les avoir comptés, tous les effets, draps, chemises, etc., excepté les bandes et les compresses que l'on pesait, et les linges à cataplasmes, que des femmes, spécialement employées à cet usage, lavaient à part. On arrive vite à connaître, à quelque chose près, le déchet qui a lieu entre le linge pesé à la sortie et à la rentrée; on a donc une vérification assez facile qui peut s'établir; cependant c'est sur ces articles, comme il a été dit plus haut, surtout après chaque arrivée de blessés, qu'il y a une perte certaine et impossible à éviter. Quant aux effets comptés, ils doivent se retrouver tous, même ceux déchirés, et l'on est en droit de se montrer sévère à cet égard.

Aussitôt que la lessive arrivait, les voitures s'arrêtaient devant la grande lingerie; on en prenait livraison, puis on déposait les paquets sur la table du milieu; la sœur et les ouvrières chargées, sous sa surveillance, de trier le linge, faisaient mettre à part les bandes, les compresses et tout ce qui n'était pas à raccommoder; le reste était enlevé, porté à la salle de confection, où une maîtresse ouvrière, avec l'aide d'un certain nombre de femmes placées sous ses ordres, remettaient, aussi vite que possible, le tout en bon état. Ceci fait, les bandes recousues et roulées, soigneusement recoupées sur les bords, les compresses repliées et recomplétées, on rangeait chaque chose à sa place, et les salles avaient, grâce à ces soins, un air de propreté et d'ordre qui reposait le regard. Les toiles à paillasses et traversins étaient lavées avec l'autre linge, la paille en était brûlée à une certaine distance des baraques; les toiles à matelas étaient envoyées et réparées dans l'établissement des lits militaires.

La flanelle joue un grand rôle auprès des malades; mais comme il est difficile de savoir exactement ce qui est nécessaire, le Polygone avait fait l'achat de flanelle en pièces; et au fur et à mesure des besoins, les ouvrières préparaient gilets avec ou sans manches, ceintures avec ou sans cordons, plastrons, etc. On avait une provision de ceintures; les autres effets confectionnés n'étaient qu'en très-petit nombre, et il fallait les considérer comme donnés, car ils ne rentraient pour ainsi dire pas. Mais c'est une des utiles et indispensables dépenses de toute ambulance.

Quand les blessés quittaient l'hôpital, on leur rendait, autant que possible, la chemise et les habillements portant leur numéro matricule; quand cela ne se pouvait pas, on les leur remplaçait, et le malade ne partait que convenablement chaussé et chaudement habillé.

XXXIII

Linges à pansements.

Aussitôt que les achats d'étoffes ont eu lieu, et que les paquets de vieux linges arrivent, il faut faire connaître les objets indispensables aux blessés, et les mesures qu'ils doivent avoir. Les mesures indiquées à Metz par M. Isnard, médecin en chef de l'ambulance du Polygone, et adoptées par toutes les autres, furent celles-ci :

Bandes	N° 1 :	Toile forte, autant que possible neuve.
		Longueur, 5 mètres.
		Largeur, 0 m. 06 sans cordon ni surfil.
»	N° 2 :	Longueur, 8 à 10 m. (En faire peu.)
		Largeur, 0 m. 06.
Compresses	grandes :	Longueur, 40 à 45 centimètres.
		Largeur, 30 »
»	petites :	Longueur, 35 »
		Largeur, 25 »
Bandages	écharpes :	Couper en diagonale un morceau de toile de 80 à 90 centimètres de côté ; on n'a pas besoin d'ourler, un simple surfil suffit.

Bandes de corps.—Longueur, 1 m. 20 c.; largeur, 50 à 60 centimètres.

On plie l'étoffe en deux dans le sens de sa largeur, ce qui donne 25 à 30 centimètres de côté ; on coud, après avoir légèrement rentré l'étoffe dans le sens des côtés et de la longueur. On ne met ni cordon ni bouton ; si l'étoffe n'a pas un morceau assez long, on peut se servir de deux ou trois bouts cousus en dedans, dans le sens de la largeur, à coutures rabattues.

Bandages carrés. — On coupe des carrés d'étoffe de 30 et d'autres de 40 centimètres de côté. On attache aux quatres extrémités des cordons assez larges, et de la longueur de 60 centimètres au moins. On surfile le plastron.

Outre ces différents bandages, il en existait deux autres d'un modèle trop compliqué pour être compris à l'aide d'une simple description : ce sont ceux de cuisse et de dos ; on les trouve dans les hôpitaux militaires et les hospices, qui ont bien voulu en fournir les modèles, de même qu'un patron de serre-tête ; ceux-ci peuvent se faire en toile de fil ou cretonne, mais larges et munis de rubans pour nouer sous le menton, et d'autres plus grands derrière, pour servir de coulisse.

Ces mesures et patrons connus, on s'occupe de tirer parti du linge vieux ou neuf.

Bandes. —La toile pour bandes doit être neuve, en fil autant que possible, pas trop grosse ; on calcule la largeur de l'étoffe de façon à ne pas avoir de perte. Pour obtenir ce résultat, on sacrifie parfois quelques millimètres sur la largeur de chacune. Il faut les couper à fil droit, ne pas les surfiler; on les roule serrées à l'aide d'une petite machine destinée à cet usage, et on les arrête par un point assez faible pour être facilement rompu.

Compresses. — Les compresses peuvent se couper dans des toiles de fil ou de coton; la seule précaution à prendre, c'est de passer préalablement l'étoffe à l'eau, et de l'y laisser séjourner de façon à lui enlever tout apprêt.

Bandages. — Les bandages de diverses sortes peuvent tous être faits en bonne cretonne; pourtant les petits plastrons carrés, peu coûteux, ont plus de soutien en toile de fil, ce qui la rend préférable.

Coussins de membres. — Un objet indispensable est le coussin pour membres. Cette espèce d'oreiller peut se faire avec tous les restes et coupons d'étoffe, la forme préférable est un carré long de 40 sur 45 centimètres. Mais si les morceaux dont on dispose sont plus petits, il faut les utiliser; seulement la recommandation essentielle est de ne les remplir que de balles d'avoine, ou, à son défaut, de son ou de sciure soigneusement passée, de façon à ne garder aucun débris de bois. Après expériences faites, il a fallu remplacer au Polygone tous ceux qui contenaient du crin végétal ou autres substances analogues. Mais on peut parfaitement faire usage de celles-ci dans les coussins percés d'un trou rond au milieu; ces coussins soulagent le malade trop longtemps retenu dans la même position et sont très-utiles.

Il ne faut compter dans les bandes que celles de 5 mètres, ce sont les plus employées; celles de 8 à 10 mètres, de même que les petites en toile douce, destinées à de légers pansements, étaient en surplus : avec quelques centaines pour l'ambulance on se trouvait à l'aise. Les grandes ne servaient que dans des cas exceptionnels, les petites abondaient bientôt, car le médecin en coupait souvent, et de plus le lessivage, enlevant des fils dans la largeur, les rendait plus étroites. Quand il y avait trop de bouts, une ouvrière les rattachait par une couture plate faite de façon à ne pas blesser le malade.

Voici sur quelle base on s'était organisé à l'hôpital du Polygone, qui, en moyenne, avait 2,000 malades, mais dont pendant quelques semaines l'effectif a été de plus de 2,200 malades :

Bandes	par homme	. . . .	5
Compresses	»	grandes	4
»	»	petites.	8

Le chiffre de cinq bandes par homme peut sembler considérable au premier abord, mais l'expérience a prouvé qu'il était, au début, à peine suffisant. Lorsque les blessés arrivent, ayant souvent plusieurs blessures, il faut un certain nombre de bandes pour les premiers pansements; d'autres fois les malades sont transportés à la fois en quantité considérable, il est donc indispensable d'être muni largement de ces linges de première nécessité. Lorsque les moments d'encombrement sont passés, qu'il ne s'agit plus que d'entretenir le courant, on n'a plus besoin de conserver sa lingerie qu'avec une moyenne de deux bandes et demie par homme, au plus trois, et six compresses. Mais pour cela il faut s'assurer de ne pas être exposé à de trop longs retards du blanchisseur, et en outre garder une réserve d'étoffe en cas d'urgence. Les bandes étant en forte toile s'usent moins, quoiqu'il y ait toujours un déchet appréciable ; quant aux compresses, la perte, surtout après les premiers pansements, est considérable. Il n'est pas rare que ces linges soient hors de service aussitôt qu'on lève l'appareil, et de toutes façons, au bout de quelques lessives, il devient impossible d'en faire usage. On les passe alors, ainsi que tous les débris venant du raccommodage, dans une eau contenant un peu de chlore, pour les désinfecter, et on en fait, autant qu'il y a moyen, de la charpie. Il faut donc les surveiller avec beaucoup d'attention, afin de les remplacer assez à temps pour n'être pas pris au dépourvu.

Les bandages carrés, les bandes de corps et les écharpes, sont les plus usités. Le Polygone en avait environ un millier de chaque espèce et quatre à cinq cents des autres modèles à l'ouverture de l'ambulance, cela a suffi ; et lorsque cet hôpital a été levé, les écharpes qui restaient ont servi de fichus de cou aux blessés, et les bandes de corps, de bonnes ceintures.

La charpie se conservait soigneusement dans des

caisses fermées, afin de la garder aussi intacte que possible.

Nécessairement, au milieu d'un si grand nombre de blessés, la charpie a fini par faire défaut; on a dû avoir recours à la ouate. Généralement les blessés redoutaient son usage. Ils y mettaient peut-être un peu de prévention, mais à la suite de ces plaintes unanimes on prit des renseignements à ce sujet, et voici ce que nous avons appris des médecins allemands qui, dans leurs ambulances, avaient eu les mêmes résistances à combattre que nous.

La ouate contient, disent-ils, une huile essentielle, légèrement irritante pour les plaies, et pouvant quelquefois échauffer la peau mise en contact avec elle. Pour obvier à cet inconvénient, il suffit d'une précaution bien simple : on fait chauffer de l'eau bouillante, on y plonge la ouate, et on la retire au bout de quelques minutes, lorsqu'il s'est développé à la surface du liquide des taches huileuses indiquant que l'effet cherché est obtenu. On fait sécher, et on se sert ensuite de la ouate ainsi préparée avec autant d'avantages que de la meilleure charpie.

XXXIV

Organisation de la Cuisine.

Un des moments attendus avec le plus d'impatience par les malades d'une ambulance, c'est assurément celui du repas, surtout quand la cuisine, quoique fort simple, est convenablement préparée, et que la distribution est exacte et équitable pour tous.

Lorsque les blessés ont vu reparaître, avec le jour, les soins de toilette, les visites des médecins, l'application des remèdes ordonnés pour hâter leur guérison ; que les pansements sont finis, et que l'ordre et une grande propreté ont donné à la salle un aspect qui repose le regard, on voit les malades commencer à causer, s'animer aux souvenirs des évènements passés, et peu à peu une espèce d'agitation joyeuse s'empare de ceux qui reprennent des forces. On s'informe de l'heure, on questionne les infirmiers, enfin on attend impatiemment le son de la cloche. C'est qu'en effet on est à jeun et que le déjeuner semble long à venir. Pourtant, aucun n'a d'inquiétude ; on sait par expérience que la distribution se fait à heure fixe et qu'elle est égale pour tous. Les seuls privilégiés sont ceux dont la santé réclame des soins et des aliments particuliers. A ceux-là les voisins ne portent pas envie, et ils seraient tout prêts à leur venir en aide.

Pour obtenir ce résultat indispensable d'une exactitude mathématique et d'une distribution parfaitement équitable, il est quelques précautions à prendre, car ce n'est pas toujours facile d'alimenter, à un même moment, plus de deux mille personnes, sans compter les grands blessés qui ont besoin d'un régime à part.

Voici les mesures qui ont été adoptées au Polygone pour arriver à ce résultat. Depuis le jour où elles ont été appliquées, jusqu'à la levée de cette ambulance, jamais le service n'a souffert de retard.

Aussitôt qu'on ouvrait une salle pour y installer des blessés, celle-ci recevait une corbeille pour le pain, semblable aux grandes corbeilles à linge, un seau pour le vin, un pour les soins de propreté, une cruche pour l'eau, une pour les boissons, une grande cuillère à soupe, contenant la portion réglementaire, c'est-à-dire un demi-litre, une autre plus petite pour les potages particuliers ; enfin, chaque malade avait à la tête de son lit un gobelet, une assiette et un couvert. Ces objets portaient le numéro de la salle, les infirmiers en étaient responsables. La cuisine était dans une vaste baraque précédée d'une sorte de hangard ; sous celui-ci se trouvaient les chaudières pour l'eau chaude et la cuisson du pot au feu; dans l'autre, le fourneau destiné à la cuisine des officiers, les marmites renfermant les légumes, le riz et les aliments spécialement ordonnés. Un cuisinier chef, nommé Pierret, dont on ne saurait trop louer l'activité et l'ingénieuse habileté, avait sous ses ordres deux aides ou sous-chefs, et de huit à douze manœuvres, selon les besoins du moment, qui travaillaient de manière que chaque chose fût faite à point.

Aussitôt que la visite du médecin était terminée, la sœur infirmière prenait deux carrés de papier sur lesquels se trouvaient en tête le numéro de la salle, son nom à elle et celui de l'infirmier chef; puis, d'après le cahier de visite, le relevé, sur le premier papier, des portions de pain et de vin, sur l'autre celui de soupe et de viande, ou l'indication des aliments particuliers. Les portions se divisaient en entier, demi ou quart. Un infirmier de chaque salle portait à la dépense le papier concernant le pain et le vin, puis remettait le second à la sœur surveillant la cuisine. A la *dépense,* le tonneau de vin était disposé, le pain pesé et prêt à être coupé. Un employé faisait mettre dans les corbeilles et dans les seaux le nombre et l'espèce de portions indiquées par les billets; on réunissait par numéro ces deux objets, et ils attendaient le moment du retour à leur destination respective. A la cuisine, la sœur communiquait au cuisinier chef les relevés qu'on venait de lui apporter. Celui-ci avait pour faciliter sa besogne les mesures suivantes prises dès le début de l'ambulance. Etant données trente salles de cinquante malades, il avait reçu trente marmites numérotées, contenant chacune trente litres, plus un certain nombre d'autres de vingt-cinq portions, ce qui lui permettait d'envoyer aux salles renfermant au-delà du nombre réglementaire de blessés le chiffre réclamé au jour indiqué. Des plats en fer battu, avec une planchette numérotée à un des anneaux, contenaient de même cinquante ou vingt-cinq portions. De plus, on avait pour chaque salle de petites marmites couvertes et de petits plats destinés aux régimes particuliers. Dès le matin, tous ces ustensiles, soigneusement lavés, étaient disposés sous le hangard, sur des rayons destinés à cet usage.

Dès que les relevés des salles étaient apportés à la sœur de la cuisine, on s'occupait à préparer les mets particuliers, dresser les soupes, couper les viandes ; puis on sonnait la cloche, un quart d'heure avant le repas. Aussitôt, infirmiers d'accourir d'abord à la *dépense* pour le pain et le vin qu'on distribuait aux malades, suivant les prescriptions du cahier de visite ; puis les hommes de service revenaient à la cuisine. La sœur les appelait par numéro, indiquant la salle, le nombre de portions, et de plus avertissait lorsqu'il y avait des mets à venir rechercher. Deux hommes par salle emportaient la marmite et le plat de viande ; la cloche sonnait vivement, et ils arrivaient juste au moment où la première distribution s'achevait. Tous les malades, qui le pouvaient, s'asseyaient sur leurs lits; un cri de bien-venue saluait la soupe, et le partage se faisait avec une grande rapidité, les mesures étant prises d'avance. Chaque salle possédait un petit réchaud qui permettait à la sœur de ne pas toujours courir à la pharmacie pour chauffer un cataplasme, ou donner une infusion à un malade ; afin que les plats supplémentaires n'aient pas à souffrir du froid, surtout vers la fin du blocus, on les posait sur ce réchaud, et les blessés, qu'on servait à part, les amputés qui avaient une salle pour eux et un service plus soigné et plus réconfortant qu'on ne pouvait malheureusement donner aux autres malades, avaient la satisfaction de prendre au moins leur repas à une bonne température. Grâce à cette régularité, très-peu de jours ont suffi pour habituer des hommes, qui n'avaient jamais été astreints à ce service, à un ordre auquel ils se soumirent d'autant plus vite qu'ils en reconnurent tous les avantages pour la simplification de leur besogne. Ce qui a demandé le plus d'attention, ce fut, au début, d'exiger le retour à la cuisine et la mise en état des marmites et des plats, après chaque repas. Mais un peu de surveillance, quelques louanges accordées publiquement aux plus exacts ont suffi, et au bout d'un très-petit nombre de jours, les distributions du matin et du soir se faisaient toutes en moins d'une demi-heure.

C'était un grand point obtenu, car les malades, facilement irritables, souffrent réellement des retards ou de l'absorption d'aliments refroidis, et surtout il est indispensable que chacun sache bien qu'il a une aussi bonne qualité que son voisin, et que de l'eau n'a pas remplacé en route le potage absent. Toutes les petites fraudes que sont souvent tentés d'introduire dans le service les hommes de peine disparaissent lorsque les portions sont préparées sous les yeux d'une personne active et toujours présente ; aussi ne saurait-on conserver trop de reconnaissance pour les sœurs de charité qui ont consacré leur temps au soulagement des blessés de Metz. Deux d'entre elles ont succombé à la suite des fatigues excessives du début, d'autres ont eu leur santé profondément altérée, mais jamais leur courage et leur patience ne se sont démentis; non-seulement elles soignaient jour et nuit leurs malades, mais elles trouvaient encore dans leurs cœurs de bonnes paroles pour leur adoucir les exigences, chaque jour plus dures, imposées par le blocus. Il est inutile de dire que malheureusement l'alimentation était devenue peu à peu moins abondante, et sans aucune variété. La privation presqu'absolue de toutes les denrées alimentaires fit que, vers octobre, les légumes, œufs, volailles avaient pour ainsi dire disparu, pour n'être remplacés que par du cheval. On en faisait le bouillon des malades, on leur en servait la chair; et c'est dans ces circonstances plus que difficiles que l'habileté du maître cuisinier Pierret est devenue un véritable bienfait pour l'ambulance. On a toujours eu au Polygone un bon bouillon, et, grâce aux soins de ce chef, on a joui de cette ressource jusqu'au dernier jour. On avait même parfois quelques repas de luxe. Lorsqu'une quête exceptionnelle ou quelques dons procuraient des provisions inattendues, on faisait une distribution générale de pommes de terre, d'un peu de sel ou d'autres douceurs, et les malades oubliaient un instant les dures privations auxquelles, malgré tous les efforts, ils étaient soumis. Mais si, dans les dernières semaines, l'alimentation, devenue insuffisante, retardait le retour complet de leurs forces, au moins ils se sont toujours vus entourés de soins empressés, d'attentions touchantes, et les nombreux blessés, sortis guéris d'un séjour où ils ont, hélas! bien souffert, n'en garderont pas moins la conviction qu'au milieu des maux endurés par toute une population, dès qu'on a pu adoucir, dans quelque faible limite que ce soit, vers la fin du siège de Metz, la triste position dans laquelle ils se trouvaient, chacun y a mis tout son cœur et tout son dévouement.

XXXV

De la Désinfection.

L'agglomération des malades et des blessés dans une salle trop exigüe et mal aérée détermine rapidement des accidents mortels, qui peuvent être attribués surtout aux produits de la transpiration, de l'expiration et des exhalaisons qui s'échappent des plaies, et qui se répandent dans l'air; en sorte que le malade est plongé dans une atmosphère putride des plus pernicieuses. Une ventilation active entraîne une partie de ces miasmes et purifie l'atmosphère; mais l'autre partie reste adhérente aux objets divers qui composent le mobilier de la salle, aux murs, aux planchers et aux plafonds, etc. C'est pourquoi, malgré la meilleure ventilation dans les salles d'hôpitaux, après un certain temps d'habitation, lorsque le médecin a cru reconnaître les premiers signes de contagion, on doit avoir recours à la désinfection pour rendre de nouveau le local habitable et mettre les malades à l'abri de la funeste influence des produits morbides qui s'y sont amassés.

Dans les hôpitaux ou ambulances, la plus grande propreté est de rigueur; le parquet doit être nettoyé avec soin, chaque jour; les murs, les fenêtres, les vitres, les menuiseries, etc., lavés à de courts intervalles. Les administrateurs doivent apporter toute leur attention pour que la plus stricte propreté règne dans toutes les parties de l'établissement, et cela surtout dans les cabinets d'aisances et les salles de bains. Ils doivent aussi veiller à ce que le linge soit renouvelé souvent et que les objets de literie gâtés ou ayant fait un long usage soient envoyés dans les magasins de dépôt pour y être lavés et désinfectés, etc., etc.

Dans les hôpitaux permanents, on désinfecte de temps en temps les salles destinées aux malades, et cela surtout lorsqu'une épidémie s'est déclarée dans l'une d'elles. On la ferme alors complétement, on y dégage pendant un ou deux jours des vapeurs nitreuses de manganate de soude, de permanganate de potasse, ou bien encore de chlore et d'acide phénique; ensuite, après quelques jours d'aération complète, on la livre aux ouvriers qui grattent le plafond et les murs, brûlent les peintures, rabotent le plancher, enlèvent le mastic des vitres, etc., en un mot restaurent tout à neuf. Après ces divers travaux d'assainissement la salle peut être habitée de nouveau.

Dans les baraquements on ne fait jamais une désinfection aussi complète; lorsqu'ils ont servi pendant un certain temps, et que l'on suppose que par suite de leur habitation prolongée ils sont devenus des foyers dangereux d'infection, on les détruit complétement. Cependant, avant d'employer ce moyen radical, il est nécessaire de pratiquer une désinfection journalière qui se fait en arrosant le plancher avec de l'eau phéniquée, avant de le balayer.

Voici les désinfectants indiqués dans les règlements prussiens pour les ambulances, et dans quels cas ils en conseillent l'emploi; ce sont :

1° Permanganate de potasse;
2° Acide phénique;
3° Chlore (chlorure de chaux);
4° Sulfate de fer (couperose verte);
5° Soufre;
6° Charbon.

Vorschriften betreffend Krankenzelte, baracken und das Desinfektions-verfahren in den Lazarethen.

(Berlin, 1870.)

1° Pour la désinfection des blessures, ils proposent le permanganate de potasse ou une solution d'acide phénique cristallisé parfaitement pur;

2° Pour la désinfection des excréments, ils recommandent l'acide phénique, le sulfate de fer, ou bien encore le mélange de l'architecte Suvern, dont nous donnons ci-dessous la composition;

3° Le linge sale doit se désinfecter par de fortes lessives; mais celui qui a servi aux malades atteints de maladies contagieuses, telles que le typhus ou la petite vérole, doit être trempé 12 à 36 heures dans de l'eau phéniquée, après avoir été lessivé préalablement;

4° Les paillasses et les matelas doivent être désinfectés en lavant l'étoffe, comme il est dit précédemment ; on brûle ensuite la paille des paillasses, et l'on passe le crin et la laine des matelas à l'eau bouillante. Les bois de lit et les chalits doivent être lavés à l'eau de savon et ensuite à l'eau phéniquée ;

5° Les vêtements sont passés dans des fours à plâtre ou de boulangers. En général, la désinfection doit se faire dans des locaux spéciaux ne renfermant point de malades.

Voici la composition du mélange de l'architecte Suvern :

Chaux,	50 kilogrammes.
Goudron,	7 kilog. 1/2.
Chlorure de magnésie,	7 kilog. 1/2.

La chaux est éteinte dans de l'eau chaude, et l'on y verse de suite du goudron en ayant soin d'agiter le mélange et en versant dessus de l'eau chaude pour l'empêcher de se prendre en masse compacte; puis on y ajoute le chlorure de magnésie que l'on a fait dissoudre à l'avance dans un vase fermé. Le poids d'eau est égal à cinq fois celui des autres matières.

Ce désinfectant s'emploie surtout pour les cabinets, les fosses d'aisances, les vases de nuit, etc.

Pendant le blocus de la ville de Metz, les divers produits que nous venons d'énumérer ayant manqué, on dut avoir recours à d'autres moyens et l'on a employé avec succès la suie provenant du ramonage des cheminées, le charbon et du menu coke imprégné de goudron de gaz.

TABLEAU DES PRINCIPAUX DÉSINFECTANTS

Agents physiques	Ventilation active. Lavages répétés. Vidanges journalières des fosses d'aisances. Elévation ou abaissement de température.
Substances oxigénantes	Oxigène, ozone. Hypermanganate de potasse. Manganate de soude. Chlore. Iode et brome.
Substances coagulant l'albumine	Alcool, esprit de vin. Perchlorure de fer. Sulfate de cuivre. Goudron. Acide phénique, créosote Tannin.
Substances antiputrides	Sel marin. Sucre. Glycérine. Charbon, suie. Sulfate de fer. Sulfate de zinc. Eau de chaux.

Les agents physiques sont toujours mis en usage. Parmi les substances désinfectantes, les plus usitées dans les ambulances sont :

L'hypermanganate de potasse, le chlore, l'alcool, le goudron, l'acide phénique, le charbon, la suie, le sulfate de fer, la chaux.

Leur emploi est très-simple, on s'en sert le plus généralement en solutions très-étendues d'eau, que l'on met en contact ou que l'on répand sur les matières à désinfecter dont on redoute les émanations putrides. A part l'hypermanganate de potasse, dont le prix est assez élevé, toutes ces matières sont très-répandues dans le commerce et sont devenues d'un usage journalier.

« On confond généralement, comme signification, les expressions — *Antiseptique*, — *Desinfectant* ou *Désodorant*.

» Un antiseptique est un corps qui empêche une substance avec laquelle il est en contact d'entrer en fermentation, tels que :

Le chlorure de mercure ;
Le chlorure de zinc ;
Le chlorure de sodium, sel marin ;
L'acide arsénieux.

» Un désinfectant ou désodorant est un corps qui éloigne les odeurs désagréables ou nuisibles et en paralyse les effets ; on peut le diviser en deux classes :

» La première renfermera ceux qui agis sent par oxydation et détruisent les substances organiques qui donnent naissance à l'infection, tels que :

Le permanganate de potasse ;
Le chlorure de calcium ;
L'acide nitrique ;
Le chlorure de chaux.

» La deuxième renfermera ceux qui n'agissent que par leur présence et ne subissent aucune décomposition, mais semblent empoisonner et rendre inoffensifs les germes des maladies, tels que :

Le chlorure de manganèse ;
Le sulfate de protoxide de fer ;
Le camphre ;
L'acide sulfureux.

» Enfin l'acide phénique (carbolique) et l'acide crésylique agissent à la fois comme désinfectants et comme antiseptiques. » (*Les Mondes*, de M. l'abbé Moigno ; 1871, page 297.)

XXXVI

Essai sur l'application du baraquement à la construction des Hôpitaux permanents.

Jusqu'à présent nous n'avons traité dans cet ouvrage que du baraquement appliqué aux ambulances temporaires à construire en cas de guerre. Mais il n'est pas douteux pour nous que, dans un but d'économie, dans un temps plus ou moins rapproché, l'application en sera faite aux hôpitaux permanents, puisqu'avec la rente d'une seule année du capital engagé pour la construction d'un hôpital semblable à ceux que l'on a créés dans ces derniers temps à Paris, on peut fonder avec des baraquements un établissement plus salubre dont la durée sera de douze à quinze années.

Les temps sont passés où notre chère France, aujourd'hui ruinée par les guerres intérieures et extérieures, pouvait se donner le luxe de casernes et d'hôpitaux semblables à des palais, et consacrer quarante millions à l'érection du nouvel Hôtel-Dieu, qui ne contient que huit cents lits; ce qui porte le prix de revient de chacun d'eux à 50,000 ou 52,000 fr., en y comprenant le mobilier. Si l'on songe surtout que ces magnifiques asiles, au bout d'un certain temps, au lieu de concourir plus efficacement que les baraquements à la guérison des malades, deviennent, au contraire, malgré leur fréquentes et coûteuses désinfections, des foyers dangereux de maladies de toutes espèces, on comprendra qu'un pays sagement administré doit renoncer pour toujours à ce luxe déplacé, aussi ruineux qu'inutile, et que c'est là surtout que l'utile doit passer avant l'agréable. C'est ce que les Américains ont parfaitement saisi avec l'esprit essentiellement pratique qui les distingue. Aux États-Unis, on a transformé, ainsi que nous l'avons déjà dit, en hôpitaux permanents, quelques unes des Ambulances construites pour les armées pendant la guerre de sécession, et ces hôpitaux, bâtis en bois, sont brûlés tous les cinq ans. Ce système très-radical est cependant très-économique, puisque le prix de revient du lit ne s'élève jamais au-delà de 520 fr., et il offre en outre l'avantage notable qu'un Américain faisait apprécier d'une manière saisissante en disant : Nous brûlons la contagion (1).

Déjà en France divers essais ont été tentés; dans les jardins de l'hôpital Saint-Louis, on avait construit des

(1) Voir l'article remarquable de M. Maxime Ducamp, intitulé : *Les Hôpitaux de Paris.* (*Revue des Deux-Mondes,* 1870, page 513.)

baraques destinés aux opérés, mais cette tentative n'a pas été heureuse; les constructions, mal combinées, trop chaudes en été et glaciales en hiver, n'ont donné que de médiocres résultats. Un autre essai fait à l'hôpital Cochin a donné des résultats irréprochables; des tentes ont été dressées dans un terrain vague appartenant à l'hôpital. La plus grande contenait 18 lits, et les avantages ont paru tels, que l'on était disposé à appliquer ce système aux hôpitaux Necker et Saint-Antoine, et dans d'autres établissements où l'on aurait pu trouver un emplacement convenable; nous ignorons si ces expériences ont été poussées plus loin.

L'administration prussienne (1) a chargé M. le Dr Esse de faire un essai des baraquements américains; dans ce but, on en fit construire deux, l'un comme succursale de l'hôpital militaire de Berlin, l'autre comme succursale de l'hospice de la Charité de cette ville. Chacune de ces baraques avait 84 pieds de longueur sur 29 de largeur. Aux deux extrémités se trouvaient deux espèces de larges galeries en forme de terrasse couverte, de 10 pieds 1/2 de largeur; sur les faces latérales régnait, dans toute la longueur, une galerie de 4 pieds 1/2 de largeur, en sorte que la longueur totale était de 105 pieds et la largeur de 37 1/2.

Les parois extérieures étaient formées d'une charpente étrésillonnée en poutre de 5 pouces carrés, re-

(1) Cette description est extraite d'un ouvrage allemand, que nous devons à l'obligeance de M. le D[r] d'Arrest, intitulé : *Die Krankenhaüser ihre einrichtung und Verwaltung*, von Dr E. H. Esse. — Berlin, 1868.

vêtue sur les deux faces de planches clouées verticale-

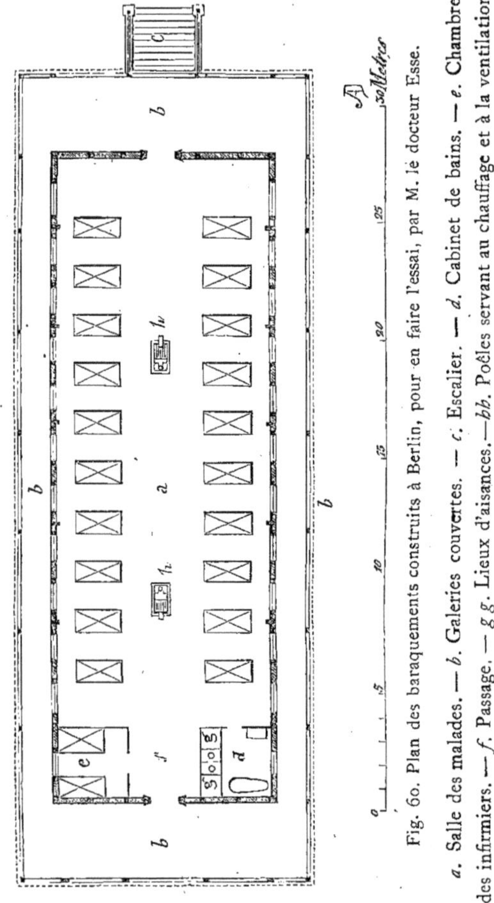

Fig. 60. Plan des baraquements construits à Berlin, pour en faire l'essai, par M. le docteur Esse.

a. Salle des malades. — *b*. Galeries couvertes. — *c*. Escalier. — *d*. Cabinet de bains. — *e*. Chambre des infirmiers. — *f*. Passage. — *g g*. Lieux d'aisances. — *hh*. Poêles servant au chauffage et à la ventilation de la salle.

ment avec couvre-joints. L'espace vide entre les deux

cloisons était rempli de pierres calcaires sans mortier : ce remplissage, le moins cher, a paru préférable à tout autre fait en matériaux moins volumineux, comme de la crasse de forge, du sable, de la menue-paille, etc., qui s'écoulent à la longue, se tassent et laissent un vide à la partie supérieure. La hauteur des murs était de 13 pieds 1/2, celle du faîtage de 19 pieds. Le toit avançait de tous côtés, de manière à abriter contre la pluie et la neige les murs, les galeries et les terrasses.

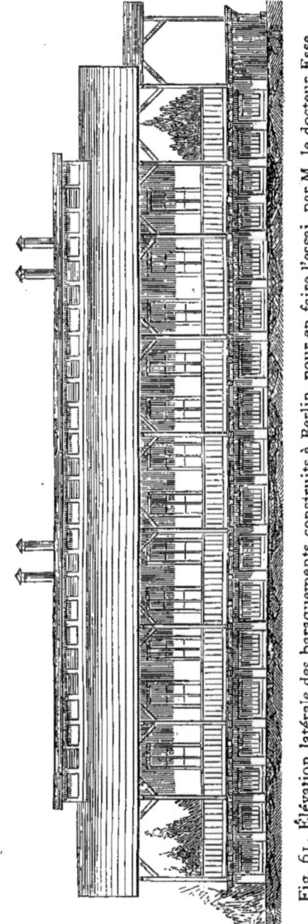

Fig. 61. Élévation latérale des baraquements construits à Berlin, pour en faire l'essai, par M. le docteur Esse.

Au faîtage, on avait ménagé la ventilation américaine (lanterne), fermée par des jalousies en verre. Cette disposition facilite beaucoup la ventilation, et éclairait les salles d'une manière très-satisfaisante. Dans l'une de ces baraques on avait remplacé par économie les persiennes à lames de verres par des volets en bois qui étaient loin de remplir le même but, et donnaient trop de froid, tandis qu'avec les persiennes on peut régler le courant d'air à volonté.

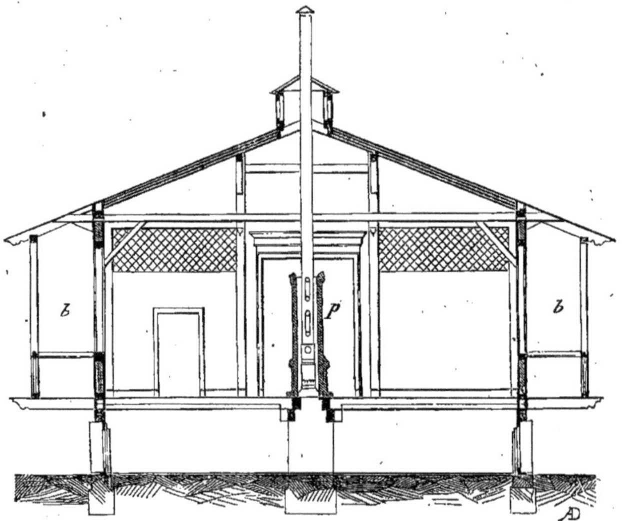

Fig. 62. Coupe des baraquements construits à Berlin, pour en faire l'essai, par M. le Docteur Esse.

b. Galeries couvertes. — *p*. Poêle.

La toiture était en ardoises avec triple lattis en planches séparés entre eux d'un pouce, afin d'éviter le froid et le chaud.

Le plancher était double, et l'espace restant libre entre les deux planchers servait à la ventilation de la salle comme nous l'avons décrit pour les baraquements de Minden (Prusse). Chaque baraque était éclairée par douze fenêtres s'ouvrant en dehors, les carreaux étaient remplacés par des lames de verre mobiles. Ces fenêtres, s'ouvrant en dehors, permettaient de placer des stores à l'intérieur, afin d'éviter les courants d'air, tout en donnant une ventilation suffisante. A l'extrémité Nord se trouvaient deux petites chambres de 9 pieds carrés, dont l'une pour les infirmiers, et l'autre, séparée en deux, servait de salle de bains et de lieux d'aisance.

Les galeries étaient protégées par des stores en toile grise; la partie Sud servait de promenoir aux malades, et on y avait disposé des tables et des chaises.

Au milieu de la salle, on avait placé deux poêles en faïence qui devaient servir non-seulement au chauffage de la salle, mais encore à la ventilation, par une disposition analogue à celle de l'ambulance de Minden (Prusse). Par ce moyen le plancher était chauffé par l'air vicié entraîné au dehors qui passait en dessous. La ventilation obtenue par cette combinaison était très-active, et M. le docteur Esse rapporte qu'un ouvrier chargé du nettoyage des lames de verre des persiennes de la lanterne est tombé malade pour avoir procédé à cette opération au moment du pansement des blessés contenus dans la salle, et pour avoir respiré l'air vicié qui s'échappait par ces ouvertures.

Pour éviter les émanations du sol, on avait établi un solide pavé au-dessous des baraques. Enfin, au dire de l'auteur, le chauffage et la ventilation ne laissaient rien à désirer, surtout depuis que l'on avait ajouté des réservoirs d'eau qui empêchaient l'atmosphère de se dessécher. L'arrangement intérieur du mobilier était en tout semblable à celui des autres hôpitaux.

M. le docteur Esse ajoute :

« C'est une erreur de croire que les baraques ne soient pas de longue durée ; quand les parois sont soigneusement peintes à l'huile, elles durent aussi longtemps que toute autre construction. Si on les établit sur de fortes piles en maçonnerie, on n'a pas à craindre que les parties inférieures soient endommagées par l'humidité du sol. Ce genre d'hôpital est le plus économique, et l'on devrait le préférer aux grandes constructions monumentales hospitalières au point de vue de l'hygiène, de la salubrité et de l'économie. »

On sait aujourd'hui le danger que présente l'agglomération des malades et des blessés, et quels en sont les funestes effets ; aussi ce problème mérite-t-il d'être étudié par les hommes spéciaux. Lorsqu'un pays a dépensé des centaines de millions pour construire des hôpitaux, il ne peut hésiter à consacrer quelques centaines de mille francs pour tenter l'essai d'un hôpital complet de 1000 à 1200 lits à établir en baraquements, surtout lorsqu'il s'agit de faire mieux et à un prix de beaucoup inférieur qui peut diminuer dans le rapport de 1 à 100, puisque, comme nous l'avons déjà dit, le lit a coûté à l'Hôtel-Dieu 52,000 fr., et que, dans les hôpitaux généraux américains *les mieux aménagés* il ne s'est élevé au maximum qu'à 520 fr. (hôpital Mower).

On voit du reste que les Allemands nous ont devancés dans cette voie, puisque des essais sérieux ont été faits par ceux-ci à Berlin. Ces sortes de constructions seraient surtout très utiles pour les hôpitaux destinés aux maladies contagieuses et pour y abriter les blessés, ou bien encore pour créer des maternités dans lesquelles on détruirait immédiatement les bâtiments ayant renfermé des femmes atteintes de fièvres puerpérales.

Lorsque, dans les hôpitaux permanents, on désinfecte les salles destinées aux malades, on détruit toutes les surfaces intérieures du local que l'on restaure ensuite à neuf. Ces divers travaux d'assainissement terminés, la salle peut être habitée de nouveau. Inutile d'ajouter que ce travail est assez coûteux.

Autrefois, pour ventiler les salles d'hôpital, on se contentait d'ouvrir portes et fenêtres au risque de mettre les malades dans un courant d'air. Depuis, cet important problème a été le sujet d'études d'un grand nombre de savants, et l'on est arrivé à des applications pratiques qui semblent ne rien laisser à désirer. On emploie à cet effet la ventilation mécanique ; une machine à vapeur lance de l'air froid ou attiédi, suivant la saison, dans la salle, tandis que de hautes cheminées d'appel, douées d'un tirage considérable, enlèvent l'air vicié qui se répand au dehors.

Dans les baraquements, la désinfection et la ventilation se font beaucoup plus simplement. Le bâtiment étant de peu de valeur, on le détruit complétement ; les matériaux peuvent être en partie réemployés pour un autre usage ou brûlés, et on le reconstruit à neuf. Isolé de toutes parts, la ventilation se fait naturellement par suite des changements de température et des différences de densité qui en résultent dans les couches d'air. Ici encore on peut constater que l'avantage reste aux baraquements. Mais les hôpitaux en pavillons séparés ne peuvent être construits dans les villes à cause du prix trop élevé du terrain, aussi nous n'en conseillerons l'emploi que pour les hôpitaux suburbains ou de convalescents dans lesquels on évacuera tous les malades qui peuvent y être transportés, car en dehors des avantages hygiéniques que présenteraient ces hôpitaux, on pourrait, sans augmenter sensiblement la dépense, en rendre le séjour agréable en les construisant dans un beau site et en disséminant les baraques dans des jardins habilement plantés en forme de parcs, de manière à ombrager les salles en les abritant sous des arbres plantés vers la façade exposée au midi. Enfin tout le luxe de l'établissement doit consister dans sa belle exposition et dans la beauté de son jardin.

Nous donnons ci-contre le plan général d'un hôpital de 1,200 lits qui peut s'appliquer également à une ambulance temporaire et à un hôpital permanent; le mode de construction seul variera. Pour l'hôpital permanent, il devra être établi plus confortablement, en profitant de toutes les expériences et des améliorations qui ont été faites aux Etats-Unis, en Allemagne et en France; mais rien ne sera changé aux dispositions générales du plan.

Fig. 63. Plan général d'un Hôpital de 1,200 lits.

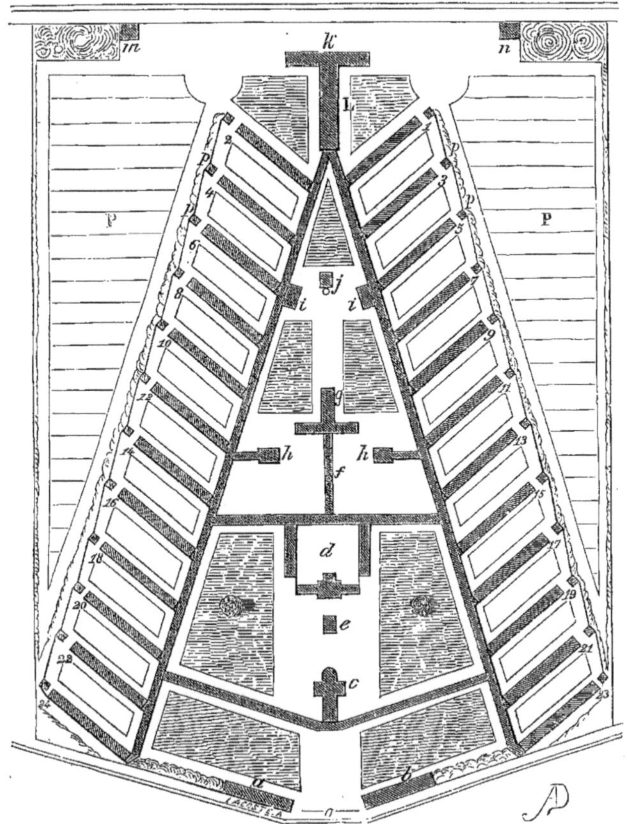

a. Bureaux des entrées et des sorties. — *b*. Concierge et poste de sûreté. — *c*. Chapelle. — *d*. Cuisine et ses dépendances. — *e*. Remise et écurie. — *f j*. Service hydraulique. — *g*. Pharmacie. — *h h*. Salles d'opérations. — *i i*. Magasins ou salles de bains. — *k*. Lingerie. —

l. Administration. — *m n*. Salle des morts. Linge sale. — *o*. Entrée principale. — *p q*. Jardin.

AMBULANCE TEMPORAIRE D'ÉTÉ.

Si l'ambulance à construire ne doit servir que pendant la belle saison, on emploiera le mode de construction que nous avons décrit précédemment et que nous avons employé au Polygone de Metz.

AMBULANCE TEMPORAIRE D'HIVER.

Si l'ambulance doit être occupée pendant l'hiver on devra redoubler à l'intérieur les parois extérieures, au moyen d'un deuxième revêtement en planches sur lequel on clouera du papier d'emballage, ou bien encore sur lequel on appliquera un enduit en plâtre ; des poêles seront disposés pour le chauffage et la ventilation des salles, et les couloirs seront clôturés sur toutes les faces.

HÔPITAL PERMANENT.

Mais si le baraquement doit renfermer un hôpital permanent, les pavillons reposeront sur des fondations en maçonnerie et des dés en pierre de taille, dans la partie en surélévation. Le système d'égout sera maçonné et cimenté comme on le fait dans les grandes villes. La partie souterraine des lieux d'aisances sera également en maçonnerie soigneusement crépie. Enfin les bâtiments d'administration, la cuisine, la pharmacie, la buanderie et les magasins d'approvisionnement, la chapelle pourront être exécutés d'une manière définitive et suivant le mode de construction généralement adopté dans le pays. Les pavillons de malades, la lingerie, les magasins de linge de corps et de lit, d'ameublement, de literie et de tous les objets ayant servi aux malades, seront construits en baraquements semblables à ceux que nous avons décrits dans notre travail, avec plus ou moins de luxe, suivant les ressources dont on pourra disposer. La ventilation du toit pourra se fermer au moyen de persiennes à lames mobiles ; les poêles pour l'hiver seront placés comme nous l'avons dit, les fenêtres seront disposées comme dans les baraquements américains ou allemands, etc. Enfin l'architecte devra y apporter toutes les améliorations qu'il jugera nécessaires, sans cependant perdre de vue que la plus stricte économie doit le guider dans cette construction qui doit toujours conserver son caractère *provisoire*, puisque, d'un moment à l'autre, elle doit être détruite sans regret, pour être remplacée par une autre.

Les passages couverts devront servir de préau aux malades, ils doivent être fermés d'un côté en été, et des deux côtés en hiver. On devra leur donner au moins quatre à cinq mètres de largeur.

Enfin, toutes les parties de bâtiments en contact direct avec les malades auront un caractère de provisoire, et la plus grande économie devra être observée dans leur construction. Tous les bâtiments destinés aux services généraux peuvent au contraire être construits à plusieurs étages et dans les conditions ordinaires de durée et de solidité.

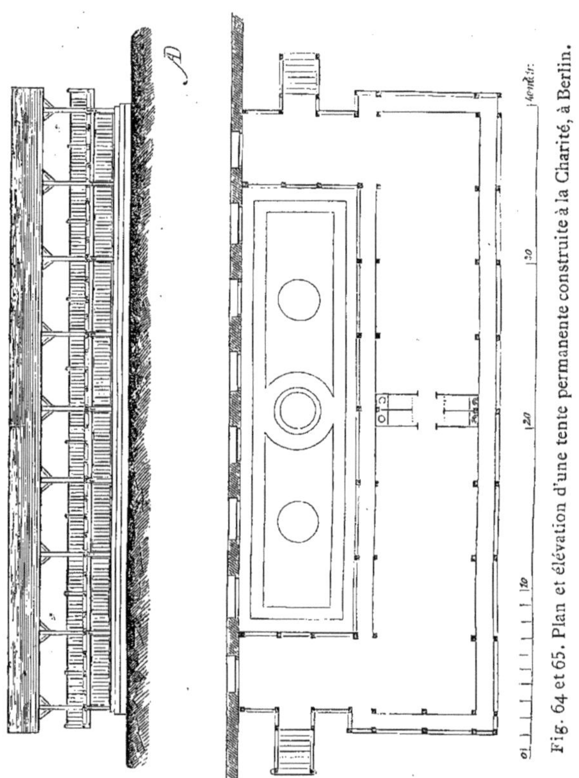

Fig. 64 et 65. Plan et élévation d'une tente permanente construite à la Charité, à Berlin.

Suivant les médecins allemands, les hôpitaux ne doivent pas être éclairés au gaz à cause des émanations qui se produisent par ce mode d'éclairage, et qui sont très-nuisibles aux malades.

A Berlin, on avait construit près des baraques d'essai de la Charité, et dans le même but, des tentes servant d'annexes aux salles avec lesquelles elles étaient reliées directement. Sous ces tentes, on plaçait des lits pen-

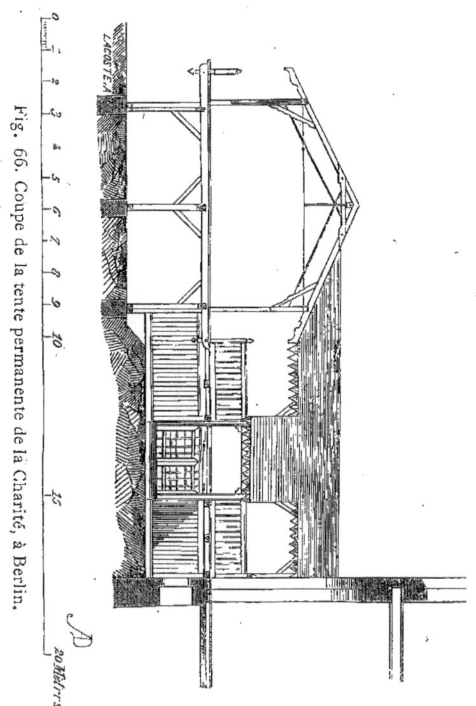

Fig. 66. Coupe de la tente permanente de la Charité, à Berlin.

dant la belle saison, et les galeries en bois, couvertes, servaient de promenades aux malades qui pouvaient quitter le lit. Cet essai a donné de forts bons résultats. Pendant l'hiver, ces tentes sont abandonnées, et l'on rentre en magasins les stores ainsi que toutes les parties qui pourraient se détériorer.

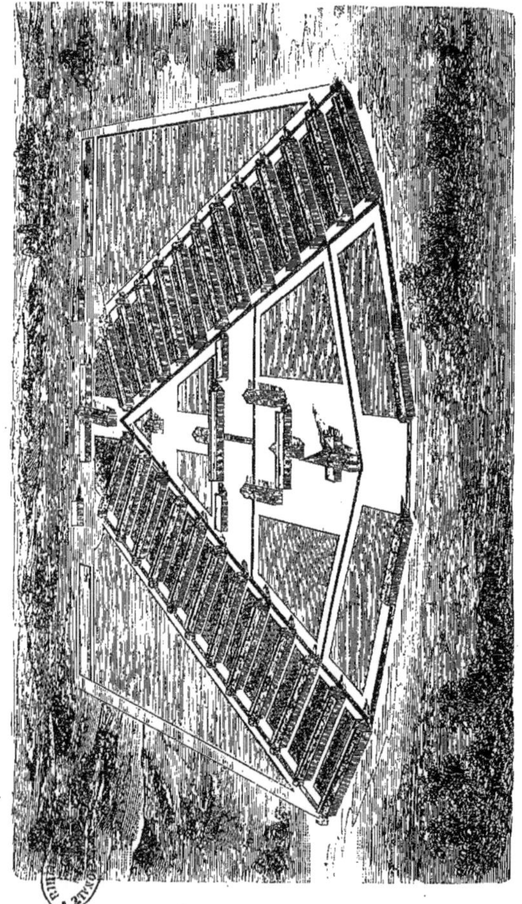

Fig. 67. Vue perspective d'un hôpital type de 1,200 lits, sur plan triangulaire. (Face principale.)

Nous terminerons cet essai en rapportant ce qu'a

écrit M. le docteur Husson au sujet des hôpitaux en

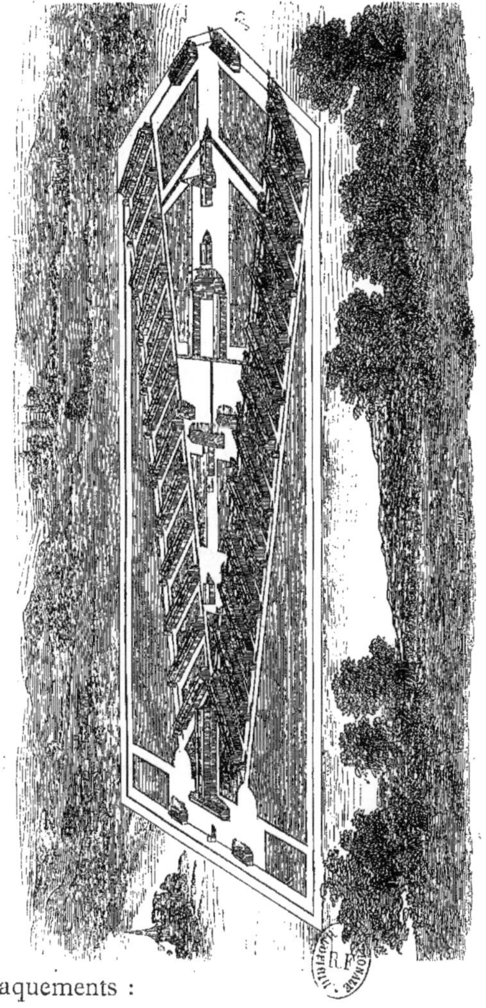

F. 68. Vue perspective d'un hôpital type de 1,200 lits, sur plan triangulaire. (Face latérale.)

baraquements :

« L'art et la science des constructions hospitalières, après avoir recherché toutes les combinaisons pratiques, semblent s'être définitivement arrêtés au système de pavillons isolés. Au moins, en ce qui touche à la disposition des bâtiments, il reste bien peu de place aux améliorations, et ces sortes de constructions présentent des types qui ne laissent rien à désirer. »

Dans le cours de cette étude, nous nous sommes efforcé de réunir tous les types de plans généraux et les modes de constructions que les architectes de diverses nations ont adoptés pour la création d'hôpitaux en baraquements. Le lecteur a pu reconnaître, avec le docteur Husson, qu'il reste peu d'améliorations à faire quant aux dispositions générales; mais que, dans les agencements de détail concernant le service intérieur, la ventilation, le chauffage, la désinfection, l'organisation des salles de bains et des lieux d'aisances, il y a encore beaucoup de modifications à introduire, et que ces problèmes méritent de fixer l'attention des hommes spéciaux.

Espérons, pour notre honneur national, qu'une expérience sera tentée sur une grande échelle, car moins que jamais la France ne doit rester en arrière lorsqu'un progrès reste à réaliser.

XXXVII

Conclusions.

Disséminer les blessés et les malades en petit nombre dans des locaux parfaitement aérés et ventilés naturellement ou artificiellement : tel est le grand principe généralement admis par les médecins, et surtout par les chirurgiens, pour la construction des hôpitaux temporaires ou permanents. Aujourd'hui ce principe n'est plus discutable, il a subi le contrôle d'une expérience assez grande, les résultats fournis par les statistiques des hôpitaux dans lesquels il a été appliqué ne laissent plus aucun doute à cet égard, et l'on peut dire, sans être taxé d'exagération, que l'air pur est aussi nécessaire à l'homme malade que la nourriture à l'homme sain.

Ceci étant admis, c'est à l'architecte à en faire l'application dans la construction, et à rechercher les meilleures combinaisons de bâtiments et d'aménagement intérieur :

1° Pour placer les lits en petit nombre dans des pavillons séparés dont toutes les ouvertures soient convenablement disposées pour faciliter le renouvellement de l'atmosphère intérieure, tout en évitant les courants d'air;

2° Pour disposer ces pavillons de telle sorte que l'air vicié de l'un ne soit pas chassé sur l'autre;

3° Pour placer les bâtiments renfermant les services divers et l'administration, de manière que les communications soient faciles, que le service journalier soit simple et commode, et que la surveillance puisse être, sans difficulté, exercée dans toutes les parties de l'établissement.

Lorsque le médecin a posé les conditions d'hygiène et de salubrité auxquelles les constructions doivent satisfaire, le rôle de l'architecte commence; c'est à lui à rechercher toutes les combinaisons d'exécution et d'économie qui doivent répondre au programme tracé par le médecin et aux exigences du service intérieur.

Si, pendant le cours de ce travail, nous avons été parfois entraîné à traiter les questions d'hygiène, nous l'avons toujours fait à l'aide d'extraits des ouvrages spéciaux qui font autorité dans la matière; nous en avons pris les principes et nous nous sommes efforcé de les appliquer. A l'ambulance de Metz, nous n'avons pu le faire aussi complètement que nous l'eussions désiré, à cause du blocus de la ville, les ressources nécessaires nous ayant manqué.

Aussi nous avons terminé cet ouvrage en donnant la description et les plans d'un hôpital type, tel que nous le construirions dans une ville ouverte, en profitant des travaux de nos devanciers, et de l'expérience que nous avons acquise pendant la dernière campagne. (Voir chap. 36.)

APPENDICES

APPENDICE I

22 juillet 1870. *Séance du Conseil central d'hygiène du département de la Moselle.*

(Extrait du Procès-verbal.)

Présents : MM. le Préfet de la Moselle, président ; Maréchal, maire de Metz, vice-président ; Monnard, Scoutetten, Defer, Degotte, Berveiller, Dieu, Grellois, Parizot, Duporq et Samson, membres du Conseil ; de Bouteiller, député de la Moselle ; Ehrmann, médecin en chef de l'hôpital militaire ; Perrot, sous-intendant militaire ; Isnard et Méry, médecins en chef des armées ; Géhin, secrétaire du Conseil.

M. le Préfet annonce que le but de la réunion est d'examiner les propositions faites par l'Intendance militaire pour l'organisation d'ambulances et d'infirmeries où seraient reçus les malades de l'armée du Rhin.

M. le Maire fait l'exposé des négociations qui ont eu lieu entre l'Intendance et la commission administrative des hôpitaux civils de Metz. Il termine en disant :

« J'ai eu l'honneur de conférer de ce sujet avec M. l'Intendant-
» général de l'armée et de chercher à lui démontrer l'impossibi-
» lité, pour les administrations civiles, de prendre à forfait une
» semblable entreprise. Il n'en reste pas moins acquis que toutes
» feront de leurs mieux et que, dans les limites du possible, leur

» concours est accordé avec le plus patriotique empressement. J'ai
» rappelé enfin à M. l'Intendant-général qu'en 1814, il y a eu, à
» Metz, neuf mille décès militaires et quinze cents décès civils oc-
» casionnés, en partie, par l'encombrement des malades. Il faut
» donc profiter des expériences si chèrement acquises à Metz, en
» Crimée, en Italie, et chercher à utiliser ce qui a si admirable-
» ment profité en Amérique lors de la guerre de sécession, etc. »

M. le Maire donne ensuite quelques détails sur ce qui pourra être fait, à Metz, pour l'installation des ambulances.

M. Grellois dit qu'il y a de très-graves inconvénients à accepter l'offre faite par l'Administration des hospices de Metz de disposer pour les blessés 75 à 80 lits dans le rez-de-chaussée de l'hôpital de Bon-Secours. Cette proposition doit être repoussée, d'abord à cause du peu de ressources que le local peut présenter, ensuite par la considération de l'encombrement qui devra en résulter pour l'hospice Saint-Nicolas et, enfin, en raison du voisinage des malades de Bon-Secours. Aux bâtiments dont a parlé aussi M. le Maire pour l'organisation des ambulances, on pourrait ajouter peut-être l'école d'application, qui permettrait d'installer environ 140 lits pour des officiers. La seule solution pratique et efficace consiste dans la construction de baraques isolées pouvant contenir de 40 à 50 lits et placées, soit au ban Saint-Martin, soit en Chambière. Il ne faut pas songer à des tentes (1), à moins toutefois qu'on ne fasse usage des tentes doubles; mais celles-ci sont trop encombrantes et surtout d'une installation trop dispendieuse.

Comme médecin en chef de l'hôpital militaire, M. Ehrmann a eu l'occasion d'étudier la question sous toutes ses faces, de visiter les locaux et les terrains, et il en est arrivé aux appréciations suivantes. L'hôpital militaire peut recevoir 850 malades, dont 4 à 500 nouveaux; le bâtiment des tabacs pourrait en loger 450, le séminaire de Montigny 120, Saint-Clément 120, la caserne du génie 450; mais tout cela réuni ne forme que 2,000 lits, et il en faut de 4 à 5,000. M. Ehrmann repousse le lycée à cause des conséquences ultérieures; le séminaire comme manquant d'air et de lumière; le marché couvert comme trop au centre de la ville, et plusieurs autres établissements proposés, pour le même motif, ou pour insuffisance ou mauvaise installation. Il faut donc avoir

(1) Plus tard, c'est cependant M. Grellois qui a fait installer les tentes de l'Esplanade, du Saulcy, etc.

recours à une installation provisoire, et sans hésiter il faut en arriver à faire ce que l'expérience a mis hors de conteste. Ce qui a si bien réussi dans la guerre d'Amérique, et déjà même dans la guerre d'Italie, c'est la construction de baraques pouvant contenir de 40 à 50 lits, disposées parallèlement autour d'un centre commun où se trouvent les bureaux, les cuisines, la pharmacie, etc., tandis qu'aux extrémités se trouvent les services gênants pour la salubrité. Des baraques construites suivant un modèle que M. Ehrmann fait passer sous les yeux du Conseil (brochure publiée en 1870 par le docteur Stromayer, de Berlin) offriraient toutes les conditions d'aération, de destruction facile en cas d'invasion du typhus, d'accroissement successif à mesure des besoins, etc., etc. L'emplacement le plus convenable serait la plaine du ban Saint-Martin, où 6,000 hommes viennent de camper très à l'aise pendant quelques jours. Voilà pour l'installation matérielle à laquelle il convient de songer immédiatement. Quant au service, il faut absolument qu'il reste concentré dans des mains fermes et actives. Il faut de toute nécessité une unité de vue pour l'organisation générale. Si le concours moral des sœurs de charité, celui des femmes en général peuvent être pris en très-grande considération, il ne faut pas trop y compter pour un service chargé et continu.

M. Perrot ne voudrait pas voir la question se déplacer; ce qu'il était d'abord chargé de demander, c'est si la ville de Metz pouvait, comme vient de le faire la ville de Nancy pour 1,500 lits, se charger *du service absolu* d'un nombre déterminé de malades, dans le cas où elle ne voudrait pas le faire pour les 4 ou 5,000 qui sont prévus, de manière à laisser l'Intendance militaire entièrement libre de porter toutes ses ressources dans la direction de l'armée. On a parlé de la caserne du génie, mais il ne sait pas si l'administration militaire y consentirait; car, en cas de siége, cette caserne, étant voûtée, serait le seul refuge où des hommes fatigués par le service pourraient trouver un repos nécessaire. Dans le cas où le système de baraquement proposé serait adopté, il faudrait d'abord savoir si le ban Saint-Martin peut être mis à la disposition du service d'ambulance, et si, à son défaut, les terrains de Chambière, sur lesquels se trouvait la pyrotechnie, pourraient être utilisés de cette façon, ainsi que les bâtiments abandonnés qui s'y trouvent et qui pourraient rapidement être appropriés. Mais, dit encore M. Perrot, ce ne sont pas là les dispositions qui nous conviendraient le mieux; ce que nous cherchons, c'est notre plus grande liberté d'action, laquelle n'existe plus si nous devons conserver à Metz un personnel médical et administratif suffisant pour la bonne direction des services. Il ne faut pas non plus se préoccuper de ce qui arriverait si Metz était assiégée, car alors on évacuerait les malades du dehors et il n'y resterait plus que ceux de la place, lesquels trouveraient facilement à se loger dans les bâtiments visités par M. Ehrmann et dont il vient d'apprécier la valeur. Il est bon de dire enfin qu'il est arrêté qu'au fur et à mesure que les malades pourront voyager, ils seront dirigés par chemin de fer dans l'intérieur de la France, et que ceux qui seront entrés en convalescence et qui pourront se passer de soins médicaux réguliers seront évacués dans les campagnes environnantes.

M. Scoutetten insiste pour que le marché couvert soit affecté au service des malades. Le froid n'y est pas à redouter, car ce n'est pas là ce qu'il y a de plus nuisible aux blessés. Si, comme on vient de le dire, le nombre des bâtiments dont on peut disposer est insuffisant, notre honorable collègue n'hésite pas à proposer la construction de tentes en toile pour y loger les malades. Il a expérimenté ce système sur une large échelle en Crimée, et cette installation lui a paru préférable à celle des baraques, qui paraissent cependant avoir la préférence des honorables préopinants.

M. Maréchal repousse, comme MM. Ehrmann et Grellois, l'appropriation du marché couvert, et cela par les raisons qui ont déjà été données, et aussi parce qu'il est tout à fait inopportun, en raison des habitudes qui tiennent à l'alimentation de la ville. Prendre le marché couvert pour un service quelconque, c'est d'abord s'imposer de nombreuses indemnités envers les locataires dépossédés; c'est ensuite changer leurs habitudes et nuire ainsi à l'approvisionnement de la ville, alors que celui-ci devient à la fois plus difficile et plus nécessaire; c'est enfin obliger la ville à installer les marchés dans des lieux qui recevront peut-être d'autres destinations. Ainsi que le propose M. le médecin en chef de l'hôpital militaire, le baraquement convenablement installé et muni d'un système suffisant de ventilation lui paraît pouvoir répondre à tous les besoins..., etc. Nous pouvons et nous devons nous mettre immédiatement à l'œuvre, mais il faut que toutes ces questions d'emplacement et d'aménagement soient préalablement résolues par l'autorité militaire. Le Conseil municipal va en délibérer demain, et, aussitôt après, le Comité d'hygiène pourra être réuni et arrêter la marche à suivre pour créer les services réclamés par l'Intendance militaire.

M. Méry se prononce carrément pour la construction de baraques au ban Saint-Martin. L'expérience n'est plus à faire. En Crimée, les Anglais avaient des baraques, petites, légères et très-nombreuses, et c'est à peine s'ils ont eu 30 ou 40 thyphoïdes; les Français avaient des tentes de toutes sortes, et c'est par milliers que leurs malades mouraient du typhus. C'est donc, aujourd'hui, une affaire jugée; autant que possible, il ne faut pas d'agglomération dans des bâtiments, prohibition absolue des tentes et construction de baraques suivant le système américain proposé par M. Ehrmann.

M. Grellois dit que nous avons encore trois mois de belle saison; les premières baraques peuvent être construites légèrement, sauf à leur donner plus tard le complément qui sera jugé nécessaire. Comme M. Ehrmann, il est d'avis qu'il faut un service bien organisé et une main ferme pour en diriger toutes les parties. Il ne faut compter que pour mémoire le dévouement des personnes étrangères au service des hôpitaux; leur zèle dure peu et leur empressement crée bien souvent des embarras (1).

Dans les premiers moments, on aura peut-être un peu de difficulté; mais au bout d'un mois on trouvera facilement dans l'armée des hommes n'ayant que des blessures légères ou déjà en pleine convalescence, et qui ne demanderont pas mieux que de faire le service d'infirmiers. Il faut donc que l'Intendance organise entièrement ses services, sauf à recevoir de l'administration civile le complément le plus étendu, afin de lui laisser, autant qu'il se pourra, son personnel disponible pour les autres ambulances.

M. Isnard a, lors de la campagne d'Italie, été chargé du service général des hôpitaux de Brescia, ville qui, moins importante que Metz, a néanmoins beaucoup d'analogie avec notre cité. Là

(1) Cette opinion, déjà exprimée plus haut par M. le docteur Ehrmann, a été refutée par les faits ultérieurs de la manière la plus honorable pour la population en général et particulièrement pour les femmes de Metz.

il a acquis une expérience dont il est bon de citer quelques exemples très-utiles à mettre à profit. Brescia avait un hôpital central et quatre ou cinq petits hôpitaux; tous les services avaient été disposés pour recevoir douze cents malades et, dès la première affaire, il en est arrivé cinq mille; en quelques jours il y en avait douze mille. On a été débordé de toute façon : toutes les prévisions étant mises en défaut, on a couru au plus pressé, et une grande partie des malades a été placée dans les églises, dans les casernes, chez les habitants, etc., partout enfin où l'on a pu. La mortalité a été considérable, dans les églises elle était effrayante et il a fallu les évacuer aussitôt; c'est pour ces motifs qu'il repousse entièrement les églises comme devant servir à faire des ambulances. La population de Brescia a été admirable de dévouement; en une nuit elle a procuré 1,200 lits; mais les femmes qui s'étaient proposées pour faire un service d'infirmerie n'ont causé que des embarras, et il a fallu les expulser des salles de blessés. Dans ces sortes d'affaires, il n'y a que des hommes qui puissent être utilisés convenablement.

Au bout de quelques jours, il a fallu descendre les malades dans les cours pour leur faire respirer un air non infecté. On s'est mis à construire des baraques, on a évacué tous les convalescents, et c'est à partir de ce moment que la mortalité a cessé et que l'état sanitaire s'est amélioré au point qu'il n'y a pas eu de typhus, car il est bon d'insister sur ce point, qu'on n'a pas le typhus quand on sait éviter l'encombrement. Les baraques contenaient de 40 à 50 malades, et elles ont rendu un immense service aux blessés dirigés sur Brescia. Une autre observation importante concerne la direction à donner, à leur arrivée, aux malades. A Metz, ceux-ci vont entrer par une ou plusieurs portes; il faut de toute nécessité qu'il y ait, à chacune d'elles, un médecin chargé d'examiner les arrivants, et de les diriger vers l'hôpital ou vers la baraque qui sera affectée à la maladie dont ils seront reconnus atteints. Sans cette précaution préliminaire, il y aura de l'encombrement et une confusion préjudiciable aux malades et aux services généraux. Enfin, dit M. Isnard, il faut aussi profiter des expériences faites en Crimée et en Italie, lesquelles sont relatives à la nationalité des blessés recueillis dans les hôpitaux. Au premier aperçu, il semble naturel de chercher à séparer les Français et les Prussiens, afin d'éviter des rixes ou des querelles préjudiciables à l'ordre, à la discipline et aux malades eux-mêmes. C'est cependant tout le contraire qu'il faudra faire; car, dans nos hôpitaux, nos Français sont admirables de résignation, de dévouement, d'entrain et de gaîté, et, bien des fois, c'est à ces précieuses qualités que l'on a dû de sauver des malades et de conserver le moral et le courage des blessés russes, italiens ou autrichiens. Autant que possible, cependant, les officiers devront être séparés; mais c'est là toute la distinction qu'il importe de faire. En résumé, dit M. Isnard en terminant, unité de direction, le moins d'agglomération possible, séparation dès le début des diverses affections, baraquement suivant le système américain et évacuation sur la plus large échelle des malades pouvant supporter le voyage, et des convalescents ne réclamant plus que des soins hygiéniques.

M. Defer. On parle de l'unité dans le service et d'une direction donnée aux soins médicaux; mais il ne faut pas oublier qu'il y a des médecins civils ayant des services réguliers, et il ne lui paraît pas possible de leur faire accepter la position qu'on semble leur préparer..., etc.

M. Parizot juge encore nécessaire que l'on se préoccupe de deux services également indispensables, celui des inhumations et celui de la concentration des secours de toute nature qui pourront être adressés de tous les points de l'Empire ou organisés à Metz..., etc.

M. le Préfet croit que tous les côtés de la question ont été examinée, et que tout le monde paraît d'accord sur les points suivants :

1° Utiliser d'abord les bâtiments reconnus convenables par M. le médecin en chef de l'hôpital militaire, à savoir: l'hôpital militaire pour 4 à 500 malades nouveaux; le bâtiment des tabacs à demander à l'administration des finances pour 450 malades; le petit séminaire de Montigny pour 120 lits; peut-être encore l'Ecole d'application, le grand séminaire, la caserne du génie, etc.

2° Laisser à l'Intendance militaire le soin d'organiser les services généraux, sauf à recevoir de la municipalité le concours le plus étendu en médecins, en infirmiers, en ouvriers pour le baraquement, la literie, la centralisation et la répartition des secours, etc.

3° Négocier au plus tôt avec l'administration militaire pour savoir quels sont les terrains qu'elle met à la disposition du Comité pour la construction des baraques;

4° Prier M. le Maire de convoquer immédiatement le Conseil municipal afin de lui demander les crédits nécessaires pour faire à l'administration de la guerre les avances indispensables à l'organisation des services qui vont lui être confiés;

5° Enfin se mettre à l'œuvre aussitôt ces questions résolues, car les moments sont comptés, et d'un jour à l'autre nous pouvons être pris au dépourvu.

Ces conclusions sont adoptées, et la séance est levée.

APPENDICE II

23 Juillet 1870. Séance du Conseil municipal.

(Extrait du Procès-verbal.)

M. le Maire expose qu'il y a peu de jours, M. l'Intendant général de l'armée a proposé à l'administration civile des hospices de Metz de prendre sous sa direction l'hôpital militaire et les services hospitaliers qu'il pourrait être nécessaire d'organiser pour assurer le traitement des blessés évacués sur Metz. La Commission administrative des hospices a déclaré que, malgré son vif désir de venir en aide à l'administration militaire, il lui était impossible de se charger d'une entreprise au-dessus de ses forces. Tout ce qu'elle pourrait faire serait de rendre disponible le rez-de-chaussée de l'hôpital de Bon-Secours, et de ménager ainsi 75 à 80 lits aux blessés militaires.

M. l'Intendant général, très-vivement contrarié de cette réponse, s'est adressé à l'administration municipale; il demande à la Ville de se charger de ce service.

Avant de provoquer à ce sujet une délibération du Conseil municipal, M. le Maire a jugé utile de consulter le Conseil central d'hygiène. Ce Conseil, auquel d'autres personnes compétentes avaient été adjointes, notamment MM. Isnard et Méry, anciens médecins en chef d'armée, s'est réuni le 22, sous la présidence de M. le Préfet. M. Géhin, secrétaire du Conseil d'hygiène, est prié de donner lecture du procès-verbal de la délibération de ce Conseil et des conclusions arrêtées par lui..., etc.

Après la lecture de ce procès-verbal, M. le Maire ajoute que ce matin même, 23 juillet, M. le sous-intendant Perrot a formulé avec précision la demande adressée à la ville. « Il s'agirait pour elle de se charger de l'organisation et de la gestion des hôpitaux temporaires nécessaires aux malades et blessés de l'armée, et de la gestion de l'hôpital militaire de Metz, dont le personnel actuel serait retiré. La ville choisirait les médecins, les sœurs (si elle désirait en avoir), le personnel, l'administration, les infirmiers; elle fournirait les locaux, les médicaments, les aliments; elle entrerait en jouissance de tout le matériel de l'hôpital militaire, et l'administration militaire lui procurerait, en totalité ou en partie, le matériel nécessaire à ces hôpitaux temporaires. Le but principal de cette mesure est de rendre disponible le personnel attaché à l'hôpital militaire de Metz, afin de le porter sur des points où l'appelle l'intérêt de l'armée. » M. le Sous-Intendant a terminé cette communication en exprimant le désir d'être entendu par le Conseil municipal, si ses explications sont jugées utiles.

Le Conseil, de son côté, émet le vœu d'entrer en communication directe avec M. le Sous-Intendant militaire et d'écouter ses observations.

M. le sous-intendant Perrot est introduit.

Il renouvelle la proposition contenue dans la lettre ci-dessus analysée, et ajoute que d'autres villes sont déjà entrées dans cette voie. Ainsi, la ville de Nancy offre de se charger de 1500 lits, et celle de Saint-Avold se chargerait de 500 et même au besoin de 650 lits.

M. le Maire fait observer que Nancy a une École préparatoire de médecine et peut disposer d'un personnel qui n'existe pas à Metz pour le service des malades.

M. le Sous-Intendant répond que, d'après une décision récemment affichée, les jeunes gens appelés à la garde nationale mobile qui ont des connaissances spéciales, et ceux qui voudront s'engager comme infirmiers, pourront être attachés au service des hopitaux : ce sera là une première ressource et, d'ailleurs, si un appel était fait par un Comité, il ne doute pas que le dévouement des médecins n'y répondît des divers points de la France.

M. Blondin dit que le concours financier de la Ville est acquis à l'administration militaire, que le dévouement des citoyens ne lui fera pas défaut, qu'elle trouvera chez tous des auxiliaires empressés; mais il ne croit pas possible d'accepter la substitution de service proposée à la Ville. Avant d'accepter un devoir, il faut savoir si l'on pourra le remplir, et quand l'accomplissement de ce devoir engage la vie d'un grand nombre d'hommes, ce n'est pas seulement une imprudence, c'est une vraie faute d'en assumer la responsabilité sans avoir la certitude de pouvoir le faire. Or, on propose à la Ville de s'obliger, d'une façon indéfinie, sans qu'elle ait les ressources nécessaires, en dégageant l'Intendance militaire d'un service pour l'exécution duquel elle a le matériel, le personnel, la compétence et l'autorité.

M. Gougeon exprime la même opinion et ajoute qu'elle a été partagée par les membre du Conseil central d'hygiène. Tous ont pensé que l'administration militaire devait conserver la direction du service administratif et médical.

M. de Bouteiller insiste sur la nécessité absolue de ne pas consentir à la transformation de ce service. Il a été constaté que les médecins civils, malgré leur dévouement, ne pourraient se détacher de leurs autres devoirs professionnels que pendant deux ou trois heures par jour pour les soins à donner aux blessés. Ce personnel suffirait à peine à la visite de 1,200 malades, en supposant qu'il n'y eût à faire aucune opération. Or, M. l'Intendant suppose un service organisé à Metz pour 4 à 5,000 malades et blessés. La Ville ne saurait s'exposer à en laisser un certain nombre sans soins suffisants.

M. Worms dit qu'en effet c'est l'intérêt des malades qui domine toute considération : or, cet intérêt exige que l'Intendance militaire reste à la tête du service avec son autorité, son droit de réquisition, ses ressources, sa connaissance des points d'où peut être appelé le personnel indispensable.

M. Geisler n'admet pas plus que les autres préopinants la possibilité pour l'Intendance militaire de s'effacer et de laisser à la Ville un fardeau au-dessus de ses forces; tout ce qu'on pourrait faire, ce serait d'examiner les ressources de la Ville et de voir si, limitant sa responsabilité, elle pourrait se charger d'un certain nombre de lits.

M. le Sous-Intendant dit que, dans cet ordre d'idées, la Ville de Metz, à laquelle l'administration militaire propose d'abandonner le matériel de l'hôpital, ne ferait sans doute pas moins que Nancy, puisque, par suite de cet abandon, elle aurait une position meilleure.

M. Worms fait observer que la question se déplace. Le Sous-Intendant a déclaré que le but de l'administration militaire, en remettant à la Ville le service des malades, était de rendre disponible le personnel militaire, c'est-à-dire de laisser l'administration civile à ses propres efforts; c'est là ce qu'il est impossible d'accepter.

M. le Maire dit qu'il honore profondément le dévouement et le zèle, mais qu'il est des devoirs pour lesquels il faut, outre ces qualités, une capacité spéciale. Metz est, par sa position, un centre destiné à recevoir en nombre important les malades de l'armée; il faut à une pareille situation des ressources correspondantes : or, les médecins civils sont au nombre de trente, dont dix sont chargés de services publics. Parmi les vingt autres, quelques-uns sont plus ou moins fatigués par l'âge, et les autres ont à remplir des devoirs professionnels L'administration militaire peut compter qu'elle trouvera en eux d'utiles et dévoués auxiliaires; mais, réduits aux seuls efforts de ce personnel restreint, l'administration civile serait plongée dans le plus cruel embarras. Il serait déplorable que l'on désorganisât l'hopital militaire, qui est un centre tout créé, et que l'on affaiblît un service auquel il faut une direction et un général en chef.

M. Prost dit qu'il admet, de la part de la Ville, de la part de chacun de ses habitants, le concours le plus large, mais nullement la substitution de responsabilité qui est proposée. Ceux à qui cette responsabilité incombe justement, à raison de leurs connaissances et de leur autorité, doivent la conserver.

M. le Maire résume la discussion et, en exprimant le regret que la Ville se trouve dans l'impossibilité d'accéder aux propositions de l'administration militaire, il renouvelle l'assurance du concours que le Conseil municipal est disposé à lui prêter. Par exemple, la Ville pourrait, conformément à l'avis émis par le Conseil central d'hygiène, faire construire, sauf compte ultérieur avec l'État, en dehors des murs de la place, un baraquement pour 2,000 lits.

M. le Sous-Intendant dit qu'il n'est pas autorisé à discuter ce point particulier.

Aucune explication nouvelle ne paraissant plus nécessaire, M. le Sous-Intendant se retire.

Après son départ, diverses observations sont échangées au sein du Conseil. Tous les membres semblent d'accord sur l'impossibilité, pour la Ville, de prendre à sa charge et sous sa responsabilité la direction de l'hôpital militaire et la création des hôpitaux temporaires, et sur l'opportunité d'une offre consistant à faire immédiatement construire à l'intérieur un baraquement pour 2,000 lits.

MM. Geisler et Gougeon demandent qu'en outre on examine si la Ville ne devrait pas offrir de se charger d'un certain nombre de malades.

Il est répondu qu'une commission pourrait être nommée pour rechercher d'urgence les divers moyens par lesquels la Ville montrerait son désir de venir en aide à l'administration militaire.

Puis, le Conseil vote à l'unanimité les quatre propositions suivantes :

I. La Ville ne peut consentir à prendre la direction de l'hôpital militaire, à entreprendre la création et la gestion des hôpitaux temporaires, en un mot, à se substituer, d'une manière absolue, à l'administralion militaire, pour l'organisation du service administratif et médical de ces hôpitaux.

II. Ne pouvant accepter cette substitution à raison de la responsabilité qui pèserait sur elle, sans avoir les ressources nécessaires pour y faire face, et dans l'intérêt même des malades, la Ville offre d'ailleurs à l'administration militaire tout son concours.

III. A cet effet et préalablement à toute autre mesure, d'après l'avis exprimé par le chef du service médical militaire au sein du Conseil central d'hygiène, le Conseil municipal propose, au nom de la Ville, de faire immédiatement construire, à l'extérieur, un baraquement pour 2,000 lits, si ce système a l'approbation de l'autorité militaire, et sous la réserve du compte ultérieur à établir avec l'État pour cette avance, dont l'évaluation approximative s'élève au chiffre de 160,000 francs. Pour la réalisation éventuelle de ce projet, le Conseil ouvre un crédit de 160,000 fr. à inscrire au budget supplémentaire de l'exercice 1870.

IV. Le Conseil municipal déclare qu'il y a lieu de nommer une commission qui devra, de concert avec l'administration municipale, rechercher d'urgence les divers moyens de donner à l'administration militaire le concours le plus efficace.

Sont nommés membres de cette commission : MM. Géhin, Prost, de Bouteiller, Noblot, Emile Sturel et Worms.

M. le Maire fait connaître qu'un certain nombre de dames ont spontanément offert leur concours en faveur des blessés. Elles se proposent de se réunir en Assemblée générale et de former des comités pour préparer la charpie, le linge et réunir les divers objets qui pourront être nécessaires ou utiles. Une salle de l'Hôtel-de-Ville est mise à leur disposition.

M. Prost demande s'il ne serait pas convenable de faire connaître et d'insérer au procès-verbal le nom des dames qui ont pris l'initiative de cet acte honorable.

M. le Maire répond que l'administration a accepté avec empressement et gratitude le concours qui lui a été offert. Il ajoute que le Conseil voudra sans doute s'associer à l'expression de ses sentiments.

Le Conseil adopte cette proposition à l'unanimité..., etc.

M. Prost propose d'ouvrir à l'Hôtel-de-Ville une souscription destinée à fournir un fonds de secours pour les blessés et les malades de l'armée qui pourront être rassemblés à Metz.

Adoptant ces vues à l'unanimité, le Conseil municipal renvoie à la commission qui vient d'être nommée l'adoption des mesures nécessaires pour les réaliser.

La séance est levée.

APPENDICE III

Bibliographie.

1640. — *Opuscules ou Traictés divers et curieux en médecine.* — François Ranchin.

1854-1862. — *Compte rendu des travaux du Conseil central d'hygiène et de salubrité de la Moselle.*

1863. — *Des Maladies endémiques, épidémiques et contagieuses qui ont régné à Metz et dans le pays messin depuis les temps les plus reculés jusqu'à nos jours* (par le Dr Félix Maréchal et le Dr Jules Didion).

1865. — *Reports on the extent and nature of the materials available for the preparation of a medical and surgical history of the rebellion.* — Philadelphia.

1868. — *Verbandplatz und feldlazareth. Vorlesungen fur angehende militairærzte*, von Dr F. Esmarch, professor der chirurgie an der universitaet Kiel. — Berlin.

1868. — *Die Krankenhauser ihre einrichtung und verwaltung*, von Dr C. H. Essse. — Berlin.

1868. — *Lehrbuch der Allgemeinen Kriegs chirurgie*, von Dr H. Fischer. — Erlangen.

1870-1871. — *Revue des Deux-Mondes*.

1865. — *Dictionnaire encyclopédique des sciences médicales*. Directeur, A. Dechambre. — Paris.

1871. — *Le Blocus de Metz. Publication du Conseil municipal*. — Metz.

1870-1871. — *Recueil des délibérations du Conseil municipal de la ville de Metz*.

1871. — *Rapport sur les Ambulances de Metz au Conseil municipal*. — F. Moisson.

1870. — *Vorfchristen betreffend Krankenzelte, Baracken und das Desinfektions-verfahren in den Lazarethen*. — Berlin.

1871. — *Les Mondes*, par M. l'abbé Moigno.

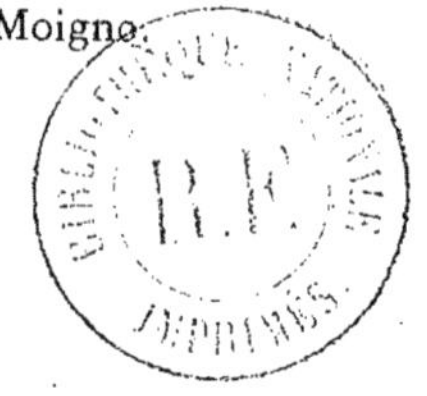

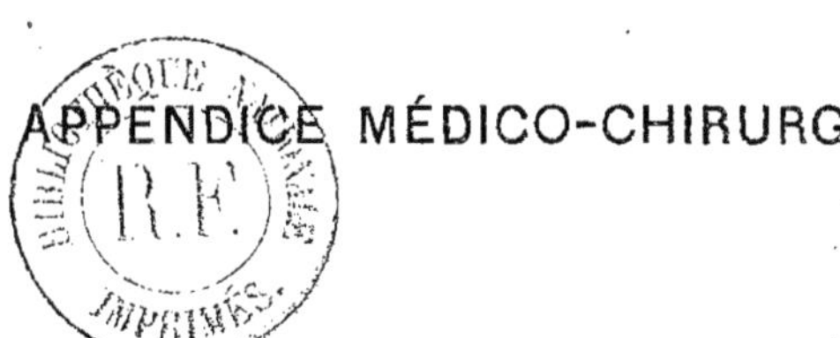

APPENDICE MÉDICO-CHIRURGICAL

APPENDICE MÉDICO-CHIRURGICAL

De l'utilité des Ambulances temporaires, considérées comme annexes des Hôpitaux civils.

Il serait superflu, à la suite de cet ouvrage, de revenir sur l'incontestable utilité des Ambulances temporaires, *sous tentes ou baraquées,* destinées à assurer les premiers soins aux blessés ou aux autres malades, durant les guerres ou dans les grands mouvements de troupes.

Il y a déjà longtemps que tout le corps de santé des armées, chirurgiens ou médecins, sont unanimes à propager la construction des établissements hospitaliers temporaires, pour les besoins de leurs services. Les excellents résultats constatés par les statistiques médicales, soit dans le séjour des camps d'instruction, soit durant les guerres de Crimée, d'Italie, d'Allemagne ou d'Amérique, ont démontré suffisamment, chez nous comme dans les autres nations, l'efficacité hygiénique de ces établissements nosocomiaux extemporanés.

Après ce qu'il a été dit, au commencement de l'ouvrage, si bien compris par M. Demoget, mon but est de rechercher si les mêmes idées ne pourraient pas se répandre dans l'ordre médical civil, et s'il n'y aurait pas lieu, en s'appuyant sur les exemples tirés de la pratique militaire, d'encourager résolument à l'avenir, pour les besoins d'une foule d'éventualités médicales, la construction d'ambulances temporaires, sous tentes ou baraquées, véritables annexes des hôpitaux civils.

Les hôpitaux tels qu'ils existent dans plusieurs localités de notre pays, grandes villes, petites villes ou chefs-lieux de canton, laissent beaucoup à désirer sous le rapport des conditions hygiéniques. Presque tous, construits dans des temps plus reculés et objets d'autres destinations, n'ont été que plus tard adaptés à des établissements hospitaliers ; occupés autrefois par des communautés religieuses ou consistant en immeubles, dons spontanés de la charité de riches particuliers, la plupart ne présentent dans leur construction aucune des conditions spéciales aux constructions des hôpitaux ; ce qui fait que l'attention des médecins à dû souvent solliciter des réformes dans ces établissements, dont beaucoup sont insalubres, ravagés par des épidémies diverses, affligés d'une mortalité exagérée, et constituent dès lors des objets d'afflictions pour les hommes bienfaisants, autant que d'effroi pour les malheureux malades, par cela seul qu'ils sont mal construits ou mal exposés, ou situés dans le voisinage de foyers permanents d'infection. L'insuffisance surtout des salles a été souvent à regretter, et tout le monde sait les accidents qui résultent de l'encombrement des blessés ou des malades dans ces lieux où les règles de l'hygiène n'ont pas été observées.

De tout temps, l'agglomération des malades dans les salles des hôpitaux, même bien établis, a été une cause d'insuccès dans les grandes opérations chirurgicales ; de tout temps aussi, cette agglomération a été la cause de la propagation des maladies endémiques ; elle est à plus forte raison le germe de bien des épidémies, contre lesquelles il a fallu presque toujours opposer l'évacuation des hôpitaux sédentaires.

Ce fait d'évacuation forcée des salles des hôpitaux se rencontre assez souvent, et je pourrais rappeler à mes confrères plusieurs circonstances dans lesquelles des salles entières de l'Hôtel-Dieu de Paris et de la Maternité ont dû subitement, et du jour au lendemain, être évacuées par suite d'épidémie grave de fièvre puerpérale ; le même fait s'est répété, et dernièrement en d'autres cas, à la suite de variole grave. J'ai vu un de nos maîtres en chirurgie rester pendant plusieurs mois sans oser opérer une amputation dans ses salles, par suite d'une épidémie de résorption purulente qui les avait envahies.

Ainsi que le dit le savant auteur de l'article AMBULANCE du *Dictionnaire encyclopédique des Sciences médicales*, ce ne serait apercevoir qu'un côté de la question des ambulances temporaires, si on les considérait bornées aux besoins de la chirurgie ; elles doivent être ouvertes aux fiévreux comme aux blessés. Si dans les salles de chirurgie on a à redouter des insuccès par la propagation de la pyohémie, du typhus, de la pourriture d'hôpital, etc., affections où l'élément miasmatique joue un si grand rôle, dans les salles de pathologie interne on a à craindre les épidémies de fièvres graves et pestilentielles, de la variole, des fièvres puerpérales, des ophtalmies graves, etc. Dans tous les cas, la première pensée des médecins est de combattre le mal qui résulte de l'agglomération des malades par leur dissémination ; car cette dissémination est le seul moyen de conjurer efficacement les fléaux de l'encombrement.

C'est d'après ces données hygiéniques, appuyées sur l'expérience acquise dans les camps, que nous devons chercher à propager dans l'ordre médical civil l'utilité indispensable des constructions d'ambulances temporaires — établissements hospitaliers extemporanés, annexes des hôpitaux civils qui deviennent parfois insuffisants dans les villes et qui manquent toujours dans les campagnes, où les soins de l'art font souvent défaut par suite de l'éloignement des hospices. — Ces ambulances temporaires, construites d'après les savantes études d'architecture exposées dans le corps même de cet ouvrage, et confiées aux médecins cantonnaux, dont le nombre ne peut manquer de s'accroître, rendraient de très-grands services aux populations rurales, dans les cas d'épidémie. J'ajouterai qu'elles pourraient en rendre de non moins appréciables dans les cas si fréquents d'épizootie. Dans ces circonstances malheureuses, pour les animaux comme pour l'homme, la dissémination des malades est le seul moyen d'éviter la contagion, et l'expérience a déjà démontré que, pour arriver à cette fin, on avait les ressources des *hôpitaux en baraques* pour toutes les saisons, et de l'*hôpital sous tentes* pendant les chaleurs.

Certes, nous savons bien que cette idée n'est pas positivement nouvelle, qu'elle a déjà été émise dans plusieurs feuilles médicales, et que d'éminents chirurgiens ont cherché à la mettre en pratique dans leur service ; mais elle se trouve encore à l'état rudimentaire pour ainsi dire ; elle a rencontré des préjugés auxquels elle est venue se heurter, tant de la part du monde médical de l'ordre civil que de la part du public. Aujourd'hui, après les conseils des médecins militaires, après surtout la triste expérience du siége de Paris, pendant lequel nous avons pu voir des milliers de malades recueillis dans des ambulances baraquées, je pense que l'idée d'adopter ces ressources en temps de paix, pour les soins des malades ou des blessés, mérite de prendre définitivement racine dans le monde médical, d'où elle doit être propagée dans le public et dans le monde administratif.

Je pense compléter ma pensée en extrayant de l'article CAMP, du *Dictionnaire encyclopédique des Sciences médicales*, quelques passages relatifs à l'hygiène des constructions des ambulances temporaires; tout ce qui concerne leur construction et leur disposition suivant les besoins des services divers a été d'ailleurs exposé *in extenso* dans le corps même de cet ouvrage.

Je me bornerai donc à exposer ces quelques données générales :

1° Les baraques ou tentes-baraques destinées à recevoir les malades doivent être parfaitement isolées les unes des autres et renfermer le plus petit nombre de lits possible;

2° Leurs dimensions doivent être calculées de telle façon que chaque malade dispose au moins de 10 mètres carrés de surface et d'un espace cubique de 70 mètres;

3° Elles doivent être munies de nombreuses et larges fenêtres, d'un surtoit mobile (Reiterdach), et installées autant que possible dans les lieux un peu ombragés où cependant l'on puisse circuler librement.

4° L'installation des malades sous la tente a été suivie déjà à plusieurs reprises des plus heureux résultats; lorsqu'on l'applique aux blessés, on peut éviter surtout la pourriture d'hôpital et les affections pyohémiques; quant au tétanos qu'on aurait pu redouter sous la tente, au dire de plusieurs chirurgiens qui en ont fait l'essai, il ne s'y est pas manifesté d'une façon insolite.

Parmi des objections qu'on a cru pouvoir opposer à l'installation des malades sous des abris provisoires, tentes ou baraques, on avait pensé que le refroidissement nocturne, qui ne manque pas de se produire sous les tentes en particulier, pourrait avoir de fâcheux résultats; mais, d'après Kraup, les blessés, pourvu toutefois qu'on les couvre suffisamment, peuvent demeurer sans inconvénient dans des tentes où la température s'abaisse jusqu'à

2 degrés Réaumur, ainsi qu'il l'a observé en Hongrie ; — enfin, au point de vue de la production des inflammations thoraciques, on peut toujours prendre des précautions pour éviter les courants d'air qui se manifestraient brusquement. On pourrait d'ailleurs adapter à ces constructions un mode spécial de chauffage et de ventilation qui les rendrait propres à être habitées en toute saison.

Je crois avoir démontré que pour la guérison des blessés ou des malades, les ambulances temporaires peuvent et doivent être utilisées avec succès. Je dois ajouter que les mêmes hôpitaux pourraient être créés pour les convalescents. Logés dans les jardins et abrités sous des tentes, ils seraient éloignés des salles de malades et éviteraient de gagner les germes d'autres affections.

Puisqu'il faut toujours revenir à l'expérience militaire pour arriver à préconiser l'établissement de ces hôpitaux dans l'ordre civil, disons que, pendant la guerre de sécession, les Américains ont largement installé de semblables dépôts de convalescents. Un camp de baraques, pouvant recevoir à la fois 15,000 convalescents, a été établi à Fairsax ; — 170,000 hommes y ont passé successivement de 1863 à 1865. Du reste, l'idée de la création en France de dépôts de convalescents remonte au premier empire ; mais elle n'a été réalisée que dans les derniers temps des premières guerres du second.

S'il demeure bien acquis aujourd'hui, par l'expérience, que l'installation des malades ou des blessés sous les *abris-tentes* ou les *ambulances baraquées* a été suivie à plusieurs reprises des plus heureux résultats, il resterait à appliquer désormais cette idée aux maladies de tous les temps, et surtout aux époques d'épidémie. Or, nous trouvons dans l'article CAMP (*Diction. encyclop. des Sciences médicales*) que c'est le choléra qui a nécessité l'expérience première des hôpitaux sous tentes et qui l'a justifiée d'une manière frappante ; que l'installation des malades dans les ambulances baraquées a été suivie d'excellents résultats, appliquée aux blessés menacés de la pourriture d'hôpital ; que les affections typhiques y ont été traitées avec succès ; que dans les cas nombreux d'ophtalmie, de scorbut, de variole, etc., ces installations ont rendu d'incontestables services ; d'où nous sommes autorisé à penser qu'il en serait de même pour les maladies semblables traitées dans la pratique civile.

J'aurais désiré, à cet égard, appuyer ces données générales sur des faits recueillis dans les ambulances baraquées construites dans Paris lors du siége. Il m'eût été possible, par une statistique juxta-posée, d'établir un parallèle entre les résultats obtenus dans les mêmes cas pathologiques, dans les ambulances temporaires et dans les hôpitaux ordinaires de la ville ; voire même dans la foule d'ambulances particulières dont le nombre était illimité. Mais, malgré mes efforts, je n'ai pu réunir à ce petit travail les chiffres qui m'auraient été nécessaires et qui seront peut-être publiés plus tard par les éminents confrères qui ont donné leurs soins tant aux blessés qu'aux malades recueillis dans les hôpitaux baraqués. — Je veux cependant indiquer les principaux de ces établissements temporaires, dont peu subsistent aujourd'hui, et qui méritaient tous la visite intéressée des médecins au point de vue de la science. — Je citerai : les ambulances américaines situées aux Champs-Elysées ; les ambulances de la Presse ou de Longchamps, où depuis l'origine du siége ont été recueillis 2,387 malades, dont 500 fiévreux au plus ; l'ambulance baraquée du Luxembourg, annexe du Val-de-Grâce ; l'ambulance du Jardin des Plantes, annexe du ministère de la Guerre ; l'ambulance ou hôpital de Courcelles, réservé aujourd'hui à 500 vénériens ; enfin la grande ambulance du parc de Saint-Cloud, où tout concourt au bien être et à la salubrité des malades. Presque tous ces établissements temporaires, construits en planches d'après les plus saines données acquises par l'expérience, l'étaient en vue des éventualités de la guerre et pouvaient à peu près l'un dans l'autre contenir 500 malades.

Tous les médecins ou chirurgiens attachés à ces ambulances avaient été choisis parmi les plus illustres de la pratique civile ; tous n'ont eu qu'à se louer des résultats obtenus. La chirurgie surtout, devenue de nos jours de plus en plus conservatrice, a été heureuse de pouvoir prolonger dans ces ambulances baraquées le séjour des opérés et des blessés, à l'abri, ou à peu près, des atteintes des maladies habituellement occasionnées par l'encombrement, l'agglomération et le séjour continu des malades dans les salles des hôpitaux ordinaires de la ville.

Dans toutes les ambulances, rien n'avait été négligé au point de vue hygiénique, et l'on avait cherché à mettre en pratique les données scientifiques qui doivent toujours présider à la construction d'une *baraque ambulance*, savoir : 1° sa capacité, relativement au nombre de lits; 2° les matériaux dont on doit se servir pour la construire; 3° l'établissement des ouvertures, portes et fenêtres; 4° enfin, le chauffage et la ventilation de chaque baraque. Le nom sous lequel elles ont été désignées dit assez quelle précaution on avait prise dans le choix de leur emplacement.

Il ne me reste plus, en terminant ce petit travail, qui n'a d'autre but que d'éveiller l'attention du corps médical et du public sur l'utilité pratique des ambulances baraquées, appliquées à l'ordre des hôpitaux civils, que d'exprimer certains désirs que je crois devoir rendre service à l'humanité.

Il serait à désirer que tous les hôpitaux civils, quelle que soit leur importance, aient toujours à leur disposition, pour y être installées dans les cours ou les jardins, des *Tentes ambulances* ou des *Baraques ambulances* toutes disposées pour subvenir aux cas fortuits d'épidémie ou d'infection morbifique.

Il serait à désirer que des établissements nosocomiaux temporaires, des tentes, ou de préférence des baraques ambulances, fussent mis, à la disposition des communes, partout où les besoins s'en feraient sentir, afin que les médecins des villes ou des campagnes, d'un commun accord avec l'autorité, fussent toujours imprimer aux secours publics l'ensemble des soins dont ils pourraient alors disposer, et les rendre par là à la fois aussi économiques et aussi efficaces que possible.

TABLE DES MATIERES

Paris. — Imprimé chez Jules Bonaventure.
55, quai des Grands-Augustins.

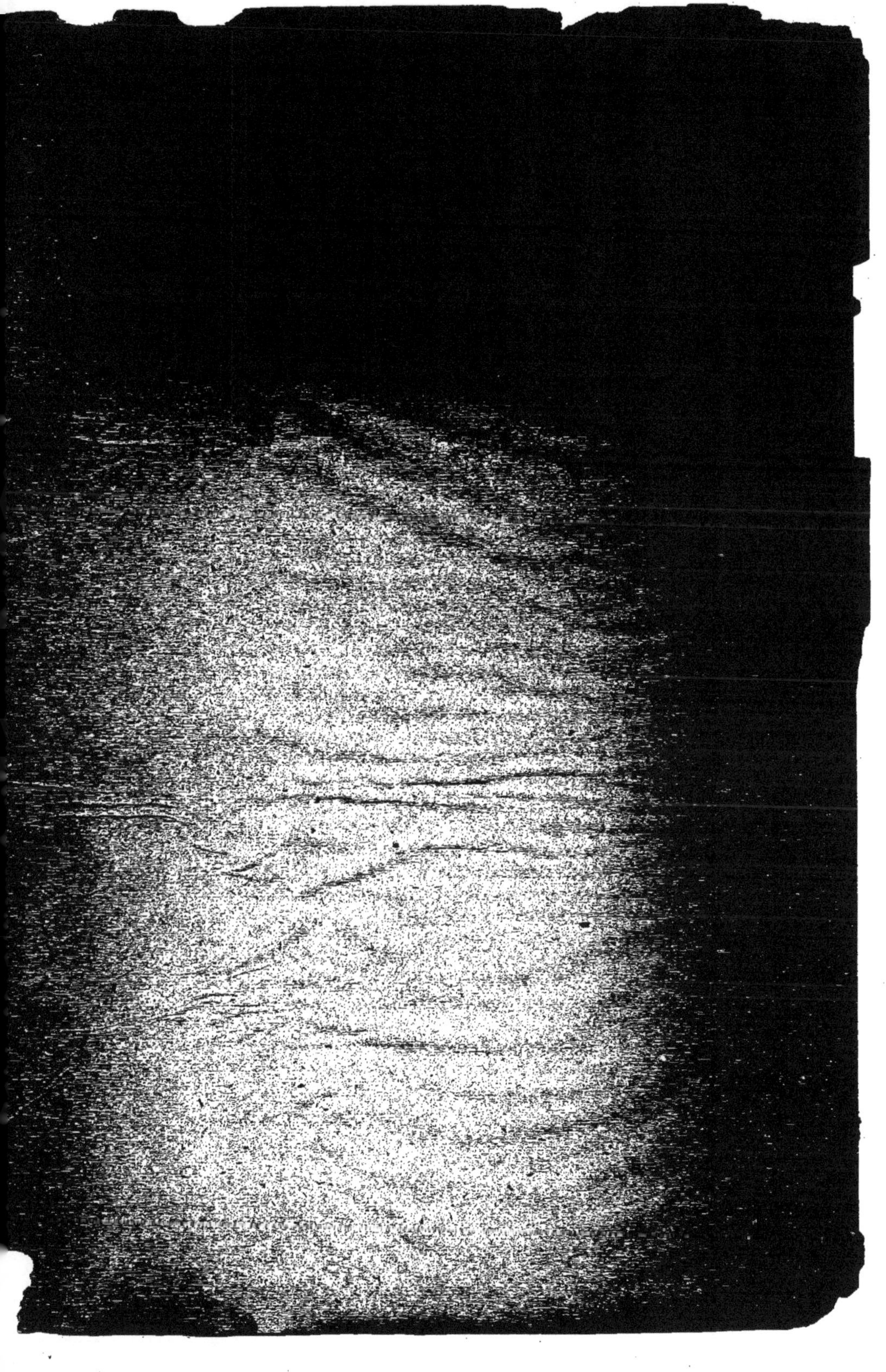

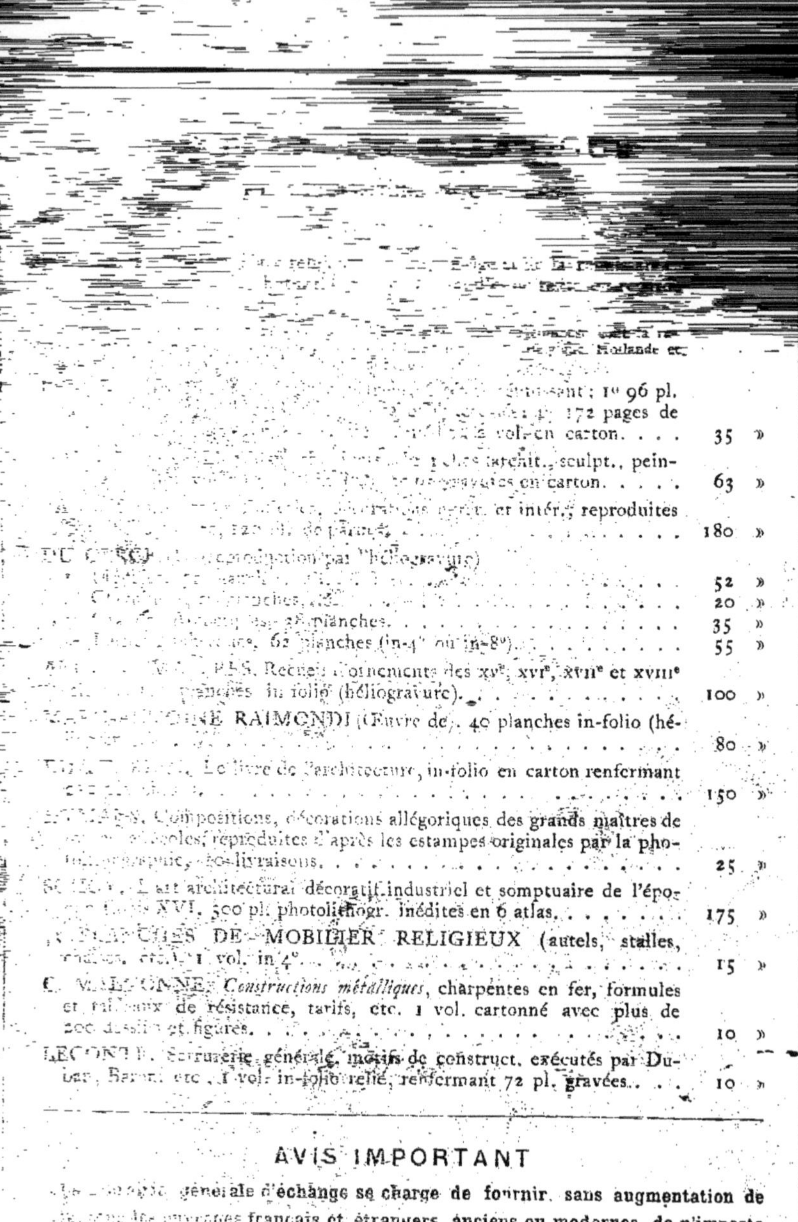

[illegible] ; 1re 96 pl. [illegible] 172 pages de [illegible] vol. en carton. . . . 35 »

[illegible] (archit., sculpt., pein- [illegible] en carton. . . . . 63 »

[illegible] extér. et intér., reproduites [illegible], 120 pl. de [illegible] . . . . 180 »

DU C[illegible] (reproduction par l'héliogravure)

[illegible] . . . . 52 »

[illegible] planches, [illegible] . . . . 20 »

[illegible] 28 planches. . . . . 35 »

[illegible], 62 planches (in-4° ou in-8°). . . . . 55 »

[illegible] PES. Recueil d'ornements des XVe, XVIe, XVIIe et XVIIIe [illegible] planches in-folio (héliogravure). . . . . 100 »

MAR[illegible] RAIMONDI (Œuvre de), 40 planches in-folio (hé- [illegible] . . . . 80 »

[illegible]. Le livre de l'architecture, in-folio en carton renfermant [illegible] . . . . 150 »

[illegible]. Compositions, décorations allégoriques des grands maîtres de [illegible] écoles, reproduites d'après les estampes originales par la pho- [illegible], 50 livraisons. . . . . 25 »

[illegible]. L'art architectural décoratif industriel et somptuaire de l'épo- [illegible] XVI, 300 pl. photolithogr. inédites en 6 atlas. . . . . 175 »

[illegible] PLANCHES DE MOBILIER RELIGIEUX (autels, stalles, [illegible], etc.). 1 vol. in-4°. . . . . 15 »

C. MAL[illegible]ONNE. *Constructions métalliques*, charpentes en fer, formules et tableaux de résistance, tarifs, etc. 1 vol. cartonné avec plus de 200 dessins et figures. . . . . 10 »

LECONTE. Serrurerie générale, motifs de construct. exécutés par Du- ban, Baron, etc. 1 vol. in-folio relié, renfermant 72 pl. gravées. . . . 10 »

AVIS IMPORTANT

[illegible] générale d'échange se charge de fournir, sans augmentation de [illegible] les ouvrages français et étrangers, anciens ou modernes, de n'importe quel genre (arts, sciences, littérature, histoire, etc.), édités soit en France, soit à l'étranger.

Toute demande de 30 fr. et au-dessus est expédiée *franco* de port.

PARIS. — IMPRIMÉ CHEZ JULES BONAVENTURE, QUAI DES GRANDS-AUGUSTINS, 55.

www.ingramcontent.com/pod-product-compliance
Ingram Content Group UK Ltd.
Pitfield, Milton Keynes, MK11 3LW, UK
UKHW020307230726
13925UKWH00001B/276